KB102162

책(冊)은 마음의 선물입니다.
책을 선물하는 당신, 당신은 아름답습니다.
당신의 따뜻한 마음을
소중한 그 분에게 전하세요. *^^*

From _____

To _____

순산을 위한 필라테스 지침서

임산부를 위한
산전 필라테스

순산을 위한 필라테스 지침서

임산부를 위한
산전 필라테스

THE PILATES
BAE YUN HEE

초판1쇄 인쇄 | 2012년 03월 05일
초판1쇄 발행 | 2012년 03월 12일

출판등록 번호 | 제 2006-38호
출판등록 일자 | 2006년 8월 1일
사업자등록 번호 | 206-92-86713

ISBN | 978-89-94716-03-9 23690

주소 | 138-873 서울특별시 송파구 풍납동 484-12 1층
전화 | (02) 2294-9105
팩스 | (02) 2295-6103

홈페이지 | www.MorningBooks.co.kr
Email | morning@morningbooks.co.kr

지은이 | 배윤희

펴낸곳 | 아침풍경
펴낸이 | 김성규

본문 모델 | 김두연
동영상 모델 | 김두연
동영상 촬영 | 배윤희
사진 촬영 | 배윤희

편집디자인 | 디자인크레타
표지디자인 | 디자인크레타

Published by AchimPoongKyung Co., Ltd. Printed in Korea

머리말

임산부 전문 필라테스 강사로서 산부인과, 조리원 및 여성문화센터에서 오랜 시간동안 필라테스 운동을 하면서, 순산을 준비하는 산모님들의 열정과 노력으로 실제로 한번 호흡으로 출산을 해내시는 산모님들을 보며 감탄합니다. "진짜 되는구나!", "정말 해내시는구나!"라는 자신감을 갖도록 해주시는 저와 함께 하셨던 많은 산모님들께 감사드립니다.

다시 한 번 보답하고자 책을 준비하게 되었습니다. 직접 저를 만나지 못하는 분들에게도 그 방법의 노하우들을 상세하게 알려드리기 위해서...이번 책에는 기존의 책에서 볼 수 없었던(업그레이드 된^^) 새로운 내용을 더해 실제 제가 가르쳐드리는 수업내용들까지 추가하여 좀 더 상세하게 부연설명을 해 드리고자 합니다. 꼼꼼히 읽고 또 읽으셔서 실천해 보시기 바랍니다. 한 멘트도 그냥 넘기지 마세요. 운동동작도 중요하지만 왜 운동을 하시는 지에 대한 이유와 목표를 갖고 하시는 것이 결과를 얻는데 좋으십니다. 목표를 세우세요. 그리고 본인의 몸의 상태에 대해서 알고 하시는 것과 무작정 하시는 것은 효과가 틀리므로 다시 한 번 부탁드립니다. 첫 장부터 차근차근 읽으시고 운동을 시작하세요!

골반이 바로 서면 척추가 바로 서고 바른 척추는 중요한 모든 장기들에 신경이 잘 전달되게 하고 혈액순환이 원활해지므로 건강이 좋아집니다.

필라테스라는 운동의 핵심은 단전(파워하우스, Powerhouse)을 강화시키는 것입니다. 즉 몸의 중심축인 단전의 강화를 통해서 전신이 바르게 되는 것에 대한 운동법입니다.

이 책은 산모님들에게 꼭 필요한 지침서로써 큰 도움이 될 수 있음을 말씀드립니다.

출산은 두려운 일이 아닙니다. 출산이 행복하고 기대 되고 즐거운 일이 되도록 할 수 있습니다. 하지만 그러기 위해서 책을 통해서 자신의 상태를 알고 훈련하고 반복하기를 실천하여 순산하시기 바랍니다.

이 책을 선택한 산모님은 순산하실 수밖에 없는 운명이십니다. 하지만 이 책은 산모님의 목표를 위한 도구입니다. 이 도구를 이용해서 실천하셔야만 그 목표를 이루실 수 있습니다.

① **목표설정** ② **실천** ③ **목표달성**

책을 보는 방법

일단, 모든 동작을 시작하기 전에 Part 02의 Lesson 02로 몸을 스트레칭 해주어 상해가 없도록 합니다.

Part 01 필라테스 운동의 이해를 정독하신 후, 운동을 시작하세요.

Part 02의 호흡과 자세는 운동하는 중에도 보시면서 운동하세요.

모든 운동을 다 하겠다는 마음보다는 매일 빠지지 않고 하세요.

운동을 자세기준으로 세분해 놓았습니다.

편하고 쉬운 운동을 먼저 하시고 안 되는 동작이 있다면 과감히 다른 동작을 꾸준히 하신 후에 시도하세요.

각 운동의 Q사인은 여러분들이 운동동작을 할 때, 잊고 지나칠 수 있는 자세교정을 위한 멘트로 구성되어 있습니다. Q사인 설명 중 모르시는 내용이 있다면 36~39페이지에 그 답이 있습니다.

적어둔 횟수에 상관없이 할 수 있는 만큼만 운동하시고 점차 횟수를 늘려가면서 운동하시는 것이 바람직한 운동방법입니다.

하루에 20~30분 정도 꾸준히 빠지지 마시고 운동하시고 생활이 운동이 되도록 하여 다른 운동을 하지 않아도 된다면 건강상태를 오랫동안 유지하는데 도움이 됩니다. 따로 운동을 하지 않더라도 바른 자세의 생활이 운동이 될 수 있습니다.

그 외에 책의 네용에 대한 문의사항은 이메일로 보내주시면 친절히 답해드리겠습니다.

Thank for ~

저를 사랑하시고 이끌어주시는 사랑하는 주님,

편히 공부하고 먹고 자고 입는데 도움주시는 최광일 여사님,

재촉하며 같이 고생해준 아침풍경 김성규 사장님,

기꺼이 도움을 주셨던 모델 김두연님과 남편 전호진님

CONTENTS

Part 01

필라테스 운동의 이해

CONTENTS

Part 02
쉽게 따라하며
배우는
임산부 필라테스

CONTENTS

Lesson 05

서서 하는 임산부 필라테스   **118**

Lesson 06

엎드려 하는 임산부 필라테스   **144**

Lesson 08

Lesson 07

Lesson 09

필라테스(Pilates)란 창시자인 조셉 필라테스(Joseph H. Pilates) 이름에서 유래된, 동양의 요가와 서양의 스트레칭이 조합된 새로운 운동요법입니다.

바디 컨디셔닝 메소드로 테라피의 개념을 도입하여 고안된 운동요법으로 할리우드 스타들의 웰빙 운동법으로 각광받고 있습니다. 또한 자기 자신의 신체를 인지하여 마인드 컨트롤을 함으로써 신체의 전반적인 밸런스를 유지힐 수 있습니다.

필라테스 운동으로 인체의 바른 선열을 유지할 수 있으며 신체의 구조와 기능적 향상을 가져다줌으로써 건강한 삶을 추구할 수 있도록 도와줍니다.

필라테스 운동의 이해

Chapter 01
필라테스 운동이란 무엇인가?

필라테스 운동은 동양의 요가와 서양의 스트레칭을 더한 근력강화 운동요법입니다.

필라테스는 집중과 조절의 원리를 바탕으로 합니다.

집중은 조절의 능력을 향상시킵니다.

집중하며 반복된 동작을 통한 근육의 움직임은 뇌가 기억하고 있어 생각하는 상상의 동작을 완성시키는 것에 도움을 줍니다.

또한 필라테스 동작은 정확하고 바른 호흡의 훈련을 통해 이루어집니다.

각 동작의 리듬과 밸런스는 정확하고 바른 호흡에 의해 완성됩니다. 신선한 공기를 체내에 공급하고 체내에 유해가스 배출을 하도록 조절해 줌으로써 각 조직세포의 활성화와 근육의 움직임이 원활하도록 도와줍니다.

필라테스는 몸과 마음이 하나로 일치 되는 호흡법과 함께 하는 정신 집중 근력강화 운동법입니다.

필라테스의 다양한 장점들은 임산부들에게 매우 효과적으로 작용합니다.

"정신과 육체는 하나"
"최소의 노력으로 최대의 효과를 주는 필라테스"

필라테스의 탄생

필라테스 운동은 독일의 조셉 필라테스(Joseph H. Pilates 1880-1967)에 의해 창안된 강한 정신 수련법, 호흡법, 근육 운동법입니다.

조셉 필라테스는 어릴 때부터 천식과 결핵, 류머티스열 등 잦은 병치레로 고생했습니다. 그리고 키도 작고 외소한 본인의 단점과 결점을 극복하기 위한 목적으로 모든 분야의 운동 방법을 접하게 되었습니다.

청년시절에는 다이빙과 스키, 요가, 체조, 권투 등 체력회복을 위한 방법에 많은 시간을 투자했고 다양한 운동을 통해서 본인의 몸이 건강하고 강해지는 것을 체험하게 되었습니다.

세계 1차 대전 당시 수용소의 부상당한 사람들에게 본인이 직접 해서 좋았던 운동방법을 접합시켜서 재활 목적으로 여러 가지 효율적인 운동법을 만들어 가르치게 됩니다. 스스로 운동할 수 없는 환자들에게는 직접 고안해 낸 도구를 적용하여 운동을 시켜주기 시작했으며, 그곳에서 놀랄 만큼 건강이 회복되는 것을 발견하고 다른 수용소에서도 그의 도구를 이용하기도 했으며 조셉 필라테스는 재활에 필요한 여러 방법들을 연구하고 고안하게 됩니다.

필라테스 운동이 신체의 밸런스를 유지하고, 자세를 교정하며, 에너지를 충전함은 물론 면역력 향상과 정신건강에까지 도움을 준다고 생각한 조셉 필라테스는 사람들에게 전파하기 시작했고, 그 후 각 분야의 노하우와 장점만을 접합시켜 만든 운동요법이 바로 "필라테스"입니다.

조셉 필라테스는 평생동안 500개 이상의 운동방법을 개발하였고 수많은 제자를 육성하였습니다.

조셉 필라테스의 생전에는 '컨트롤로지(Contrology)'라고 불리던 운동을 조셉 필라테스 사후 제자들의 협의 하에 조셉 필라테스의 이름을 붙여 '필라테스'라고 부르기 시작하였습니다.

조셉 필라테스는 미국으로 이주하는 배안에서 간호사 출신의 클라라를 만나 결혼하였습니다. 조셉 필라테스와 클라라는 함께 뉴욕에서 무용 스튜디오를 오픈하였고 필라테스 운동이 좀 더 인체에 맞도록 고안하고 연구하였습니다. 그 이후에 필라테스는 과학적이고 체계적으로 고안되기 시작하여 지금도 그 연구는 계속 이루어지고 있으며, 의사 · 간호사 · 물리치료사 · 무용가 등 모든 분야에서 이용되고 있습니다.

필라테스는 치료와 재활, 산과에서는 순산을 위한 운동법으로 많은 임산부들에게 큰 호응을 얻고 있습니다.

② 필라테스의 철학

육체적으로 단련시킨 몸의 이완을 통해 활력이 생긴 혈액이 지치고 정체되어 있는 뇌세포에 흐르게 하여 에너지를 생산하고, 동면상태의 사용하지 않은 근육을 인지하여 근력개발, 강화, 몸을 맑게 하는 호흡법, 절제된 유연성, 정신과 육체가 하나로 통합되어짐을 이루는 것이 그의 운동철학입니다.

- 건강한 신체 = 행복
- 몸과 마음의 균형
- 현대인의 이상적인 라이프 스타일 추구
- 육체적 · 정신적 피로와 스트레스 해소

아울러 임산부 필라테스는 위와 같은 장점을 산모에게 직용하여 순산을 위한 운동방법으로 현재 유명 산부인과나 조리원, 문화센터에서 임산부 필라테스 교실이 개설되어 활용되고 있습니다.
임산부 필라테스는 빠른 속도로 급속히 보급되어 점점 더 쉽게 운동을 접할 수 있습니다.
최소의 노력으로 최대의 효과를 주는 필라테스는 정신과 육체의 통합됨이 가장 중요합니다.

③ 필라테스의 장점

- 누구나 무리 없이 따라할 수 있습니다.
- 원하는 부위의 근육강화 효과가 큽니다.
- 바른 정렬을 통해 자세를 교정해 줍니다.
- 몸의 밸런스가 향상됩니다.
- 몸의 유연성이 향상됩니다.
- 아름답게 균형 잡힌 몸을 가질 수 있습니다.
- 스트레스 해소 및 활력을 강화시켜 줍니다.
- 몸의 치유력을 증가시켜 줍니다.
- 맑고 건강한 정신을 가질 수 있습니다.
- 통증이나 증상을 완화시켜 줍니다.
- 성인병을 예방할 수 있습니다.
- 심폐기능이 강화됩니다.
- 무너진 생체리듬을 바로잡아 줍니다.
- 근육의 긴장이 완화됩니다.
- 면역력이 강해지고 체력이 증진됩니다.
- 몸의 치유력이 증가됩니다.

④ 필라테스의 기본원리

● Breathing(호흡)

몸에 충분한 산소를 공급하려면 사이드 호흡, 횡경막 호흡 즉 늑간근을 사용하는 무리함이 없는 호흡을 해야 합니다.

횡격막은 내장기관과 폐의 경계에 위치한 근육막입니다.

필라테스 호흡은 횡경막 호흡이며, 라마즈 호흡법과 거의 유사한 훈련 호흡법입니다.

스트레스가 쌓이거나 몸이 긴장되었을 때 깊게 숨을 들이쉬고 내쉬는 것만으로도 심신의 안정을 찾을 수 있으며 근육의 이완을 통해 신체의 통증이 감소하고, 교감신경이 안정되고 부교감신경이 활성화 되는 것을 볼 수 있다.

들이쉬는 호흡에 근육은 수축하고 내뱉는 호흡에 근육이 이완됩니다.

이렇듯 호흡법은 임신을 하지 않은 상태에서도 매우 효과적인데 임신을 한 산모는 태아에게 신선한 산소를 공급해주는 유일한 통로가 되므로 산모의 원활한 호흡은 더할 나위 없이 태아에게 좋은 상태의 컨디션을 만들어줍니다.

코로 들여마시고 ——산소공급——→ 입으로 내쉬는 호흡 ——유해가스 배출——→ 원활한 혈액 순환 = • 건강한 자세 유지
• 요통 예방

● Concentration(집중)

필라테스는 고도의 집중력을 필요로 합니다.

늑골(갈비뼈), 골반, 척추를 인지하면서 동작 하나 하나의 움직임을 정확하게 하기 위해서는 근육과 관절에 대한 집중력을 가져야 합니다.

올바른 동작으로 잘못된 자세가 교정 되며 원하는 부위의 근육의 단련과 유연성에 도움이 되므로 동작 하나 하나에 집중을 해야 합니다. 만약 운동을 하면서 "오늘 저녁 반찬은 무엇을 할까?" 하고 운동 외에 다른 생각을 하면서 움직인다면(집중력이 떨어지면 동작은 하나의 행위에 지나지 않습니다.) 효과는 크게 감소합니다.

움직임에 집중은 근육의 단련, 골격의 교정뿐만 아니라 뇌 발달과 뇌 기능 향상에도 많은 도움이 됩니다.

● Centering(중심)

복부, 허리, 골반 주변에 있는 근육들을 '파워하우스'라 하는데 필라테스에서는 이곳을 몸의 중심으로 보고 이곳을 단련하는 것이 임산부들에게도 매우 중요한 의미를 가집니다.

잘못된 몸의 움직임은 중심을 잃고 변형된 몸을 만들 수 있습니다.

필라테스 운동의 중요한 요소 중 하나가 중심입니다.

모든 운동에서 단전=복부=파워하우스를 강화시키는 것은 몸의 균형 감각이 좋아지고 몸의 중심이 바른 상태로 자리 잡으면 팔다리도 잘 제자리에 바르게 자리 잡게 되므로 중심을 강화하는 것이 중요합니다.

● Control(조절)

근육을 자신이 원하는 대로 조절할 수 있도록 훈련하는 과정이 중요한 요소 중 하나입니다.

조절의 원리는 균형감각을 높이는 것입니다.

자기 스스로 자신의 몸을 조절하게 되면 전문 운동선수들은 부상의 위험에서 벗어날 수 있고 동작의 완성을 높일 수 있습니다. 일반인들은 조절능력이 향상되면서 감각이 회복되고 기혈순환이 잘 되어 건강을 유지하거나 회복하는데 많은 도움이 됩니다.

몸을 조절할 수 있다는 것은 내 몸을 내 맘대로 움직일 수 있다는 것이고 그렇다면 건강에 문제가 생기는 일이 없다고 보아도 틀리지 않습니다.

● Precision(정확성)

10가지의 잘못된 운동보다 1가지의 정확한 운동이 근육에 효율적입니다. 필라테스 운동은 정확성을 요구하는 운동입니다.

- 바르게 눕기
- 바르게 앉기
- 바르게 서기
- 바르게 걷기
- 바른 몸 상태 인지
- 바른 운동방법 인지

이러한 정확한 동작을 통해서 올바른 체형을 유지하게 되며, 잘못된 자세로 인한 통증으로부터 해방될 수 있습니다.

● Flowing Movement(유연성)

필라테스에서 유연성은 지속성으로 극대화됩니다.

호흡법과 함께 동작의 유연함은 몸의 에너지를 계속적으로 생성하며 유지하게 해줍니다.

필라테스의 호흡, 집중, 중심, 조절 정확성과 상호작용으로 물 흐르듯이 유연함을 유지하면 우리 몸은 놀랄 만큼 변화됨을 느낄 것입니다.

동작이 끊어진다면 움직임이 부드럽지 못하거나 집중력 없는 운동은 흐름이 깨져 유연함의 극대화를 이끌어 내지 못하므로 물 흐르듯 자연스럽게 움직임을 한다면 몸의 경직됨은 있을 수 없습니다.

경직은 유연함을 막습니다.

⑤ 필라테스의 목표

- 강력한 파워하우스(코어, 복부) 발달
- 근력강화와 유연한 관절
- 자세 교정
- 능률적인 운동 패턴
- 정신과 육체의 하나됨
- 안전한 운동
- 최소의 노력으로 최대의 효과
- 상해 방지 및 재활

⑥ 필라테스의 효과

- 목적
  - 체형의 밸런스
  - 체계적 호흡
  - 바른 척추
  - 평평한 복부
  - 날씬하고 강한 허벅지
- 결과
  - 체력 단련
  - 만성 통증 해소
  - 신체의 컨트롤 강화
- 결말
  - 근력 강화
  - 조화로운 신체
- 미래 전망
  - 파워하우스 에너지
  - 핵심 근육 운동

⑦ 필라테스의 다양한 프로그램

- 체형 교정 필라테스
- 성장 / 키즈 필라테스
- 실버 필라테스
- 카이로 필라테스
- 테이핑 필라테스
- 골다공증 필라테스
- 산전 / 산후 필라테스
- 다이어트 필라테스

Chapter 02
임산부 필라테스란?

임신으로 여성의 몸은 변화합니다. 일단, 소변 횟수의 증가로 불편해지고 짧아진 호흡으로 숨이 차거나 빨리 피곤함을 느끼게 됩니다. 임신 주수가 더할수록 늘어나는 몸무게에 의해 하지정맥류, 두통, 골반통, 부종, 요통, 견통, 치골통, 환도통, 발뒤꿈치 통증, 입덧, 변비 등등 그 외에도 많은 통증과 불편감을 갖게 되어 임신기간이 즐겁지만은 않을 수 있습니다.

임산부 필라테스란 이런 통증과 증상들이 오지 않거나 더디 올 수 있도록 예방을 해주는 역할을 합니다. 태아의 성장으로 자궁이 커지고 그 무게를 이기지 못해 허리가 앞으로 나가면서 골반이 뒤로 빠지는 형태에 의해 허리의 요통이 유발됩니다. 배는 옆으로도 커져가는 아기집 때문에 골반이 양옆으로 밀려지기 시작하고, 그 때문에 발바닥의 모양은 더욱 "V"자 형태가 되며, 팔자걸음으로 발뒤꿈치에 체중이 실려져 그 무게감이 뒤꿈치의 통증으로 이어집니다. 몸무게 증가는 전신의 통증을 유발시키게 되므로 체중조절을 잘 하기 위해서 식이조절과 운동이 필수적입니다.

임산부의 몸의 구석구석까지 움직임을 주어 잔 근육을 운동시켜주는 필라테스를 통해 체중조절효과, 근력향상, 심폐기능강화, 유연성향상, 칼로리 소모로 군살을 제거하는데 도움을 받으실 수 있습니다.

동양인인 우리나라 산모님들은 크지 않은 골격을 갖고 있습니다. 그럼에도 아기는 크게 낳는 경우가 많습니다.

아기의 순산을 위해서는 유연한 골반, 탄력 있는 질, 길어지는 호흡을 갖는 것이 가장 중요합니다. 바로 임산부 필라테스에 그 해답이 있습니다. 잊지 않고 꾸준히 열심히 매일 30~40분 정도 운동을 하시면, 순산할 수 있습니다.

제가 생각하는 순산이란 짧은 통증으로 짧은 시간 안에 출산하는 것입니다. 필라테스 운동으로 비만을 예방하고 적당한 운동으로 무리하지 않더라도 순산이 가능합니다.

임산부 필라테스란 산모님들이 필라테스를 통해서 순산을 준비하는 것입니다.

① 임산부 이해하기

임신과 함께, 여성호르몬인 에스트로겐의 영향으로 자궁비대, 유선촉진, 비뇨생식기 기능감소, 감정기복의 편차가 커집니다. 또 피부색소침착, 수분, 단백질, 탄수화물 대사가 변화하고 체중, 체지방도 증가합니다. 임신으로 횡격막이 1~5Cm 정도 위쪽으로 올라붙어 폐의 공간이 작아져 호흡이 짧아지게 되어 짧은 호흡 때문에 쉽게 숨이 차고 피로감을 느끼고 지치게 됩니다. 임신과 함께, 가슴이 커지고, 커지는 가슴으로 어깨 앞뒤의 발란스가 깨져 견통이 유발되고 견통이 심해지면 어깨가 뭉치고 근육의 뭉침으로 머리에 혈액 순환이 원활하지 못하게 되어 두통이 생기기 시작합니다. 임신 후 생긴 두통으로 잦은 건망증이 생기기도 합니다.

자궁이 커지면서 내장기관들이 제 기능을 하지 못하는데 위가 눌려져 쉽게 배가 부르거나 쉽게 배가 고파 지기도 하고, 장이 눌려 장운동이 원활하지 못해 변비가 생기고, 신장이 눌려 붓고 저리고 쥐나기가 잦아집 니다. 노폐물이 잘 걸러지지 않아 부종이 심해지고 부기가 심해지면 혈액순환이 원활하지 못해서 몸을 편 히 자유롭게 쓸수 없어져 임신 전 움직임에 비해서 불편한 몸 때문에 움직이지 못하면 칼로리 소비가 되지 못하므로 체중이 늘고 체지방이 증가합니다.

에스트로겐은 멜라민과 친해 멜라민의 활성화로 임신성 기미, 주근깨, 잡티가 심하게 올라오게 되므로 자 외선차단 크림이나 화장품을 잘 써 주어여 합니다.

또 자궁이 커지면 커질수록 복부피부에 탄력이 없다면 배가 트기 시작할 수 있으므로 튼살 크림을 잘 발라 주거나 피부의 탄력이 좋아지도록 스트레칭 운동을 해주어야 합니다.

자궁에 방광이 눌려 크기가 작아지므로 소변횟수가 증가해 화장실을 자주 다녀야 하는 불편감이 생기고 잔 뇨감과 저녁에도 깊게 잠을 잘 수 없을 정도의 소변 횟수가 많아져 쉽게 피곤해집니다.

임신 중 아기에게 영양소 공급을 하게 되는 산모는 영양상태가 불균형해 지므로 고른 영양섭취가 필요합니 다. 많은 영양이 아닌 고른 영양소를 적절하게 섭취해야 합니다.

자궁이 커지면서 배가 앞과 옆으로 커지므로 골반이 뒤로 밀리고 "V"자의 발모양이 되므로 발뒤꿈치에 체 중이 실려 뒤꿈치가 많이 아파지고, 쳐지는 배와 굵어진 허벅지로 팬티라인에 혈액순환이 원활하지 않아 다리가 많이 붓고 통증이 오고 뒤로 빠지는 골반때문에 치골신경이 눌려 통증이 유발되고 팬티라인의 허벅 지 안쪽 신경이 눌려 환도부위에 통증도 가중됩니다. 손보다 발이 많이 붓는 이유는 심장에서 손보다 발이 멀기 때문에 더 많이 붓는 것입니다.

자궁이 커질수록 골반저근(항문, 요도, 질)에 무게가 그대로 전달되어지므로 골반저근이 약하다면 치질과 요실금이 유발되기도 하고, 질의 탄력이 떨어지면서 조산의 위험성에 노출될 수 있습니다.

임신 중에는 아기에게 공급할 피가 많이 필요하게 되므로 철분제를 섭취해야 되는데 철분제가 산모 체내의 수분을 많이 흡수하게 되므로 안그래도 눌린 장기로 인한 변비증상이 더욱 심해지기도 합니다.

하루 2리터 정도 수분섭취를 하면 피가 맑아져 혈액순환이 원활해지고 양수도 맑아져 태아의 태내환경을 쾌적하게 해줄 수도 있습니다. 또 변비를 완화시켜주거나 피부의 탄력이 좋아지기도 하고 피부건조증 예방에도 도움이 됩니다.

이런 상황에 처해있는 임산부에게는 주변 가족, 친지, 친구들의 이해와 도움이 절실히 필요한 시기이므로 산모 스스로가 주변에 도움을 요청하여 즐겁고 행복한 시간을 보낼 수 있도록 노력해야합니다.

② 임산부 필라테스의 장점

- 신체 선얼 유지
- 복근 강화
- 복근 강화로 늘어난 자궁지지
  (Linea alba 강화)(Rectus Abdominis 강화)
- 분만 시 골반 근 강화로 회음열상 예방
- 요실금 예방
- 치질 예방
- 만족스러운 성생활
- 출산 시 짧은 진통과 감통효과
- 정맥류 감소

- 부종 예방
- 호흡법으로 건강한 태아
- 면역력 향상
- 체중조절효과
- 밸런스 향상
- 요통 감소
- 혈액순환촉진
- 원활한 출산과 빠른 산후 회복
- 가슴 울혈 예방
- 출산시간 단축

③ 순산을 위한 세 가지 방법

1. 골반 이완 운동을 많이 해줍니다.

골반이 이완되기 위해서는 운동이 필요합니다.

운동을 하지 않아도 출산 시 릴렉신이라는 이완호르몬이 나와 운동을 하지 않아도 출산은 가능합니다.

하지만 호르몬의 영향으로 골반이 열리는 시간이 어느 정도 일지는 아무도 모릅니다.

골반 이완운동을 통해 골반의 유연성이 좋아지고 그로인하여 유연성+골반이완 호르몬의 도움으로 골반의 벌어지는 시간이 빨라 진다면 그만큼 산모는 짧은 시간의 진통으로도 출산할 수 있습니다. 임신 초기부터 출산까지 골반 이완운동을 많이 해 줍니다. [42p, 43p, 48p, 56p 참고]

2. 질 이완 수축 운동을 많이 해줍니다.

질의 탄력성이 좋다면 출산에 도움이 됩니다. 질은 자연분만 되는 아기문이므로 탄력있게 만들기 위해 질을 조이고 풀어주는 운동이 좋습니다. 하지만 많은 여성들이 질을 조인다는 의미를 쉽게 이해하지 못하므로 괄약근운동을 하는 것도 무방합니다.

질도 골반과 마찬가지로 릴렉신 호르몬의 도움으로 운동을 하지 않아도 이완이 됩니다. 하지만 호르몬의 영향으로 질이 이완되는 시간이 어느 정도 일지는 아무도 모릅니다. 그러므로 출산 후에 질이 늘어나거나 요실금이나 치질이 예방되는 효과까지 있는 질 이완 수축 운동과 괄약근운동을 많이 해줘야 합니다. [괄약근 운동]

3. 순산 호흡 운동을 많이 해줍니다.

라마즈호흡을 모르는 산모는 거의 없을 것입니다. 하지만 라마즈교육에 있는 호흡을 연습하거나 지속적으로 훈련하는 산모는 많지 않습니다. 설사 하고 있다고 해도 혼자서 하기에는 쉽지 않은 것이 사실입니다. 그래서 제가 순산호흡을 알려드리려고 합니다. 꼭 열심히 하셔서 지금까지 출산하신 산모님들의 말처럼 순산을 경험하세요. 아기를 낳는다는 것은 대변을 보는 것과 비슷하다고 생각하시면 출산기전을 이해하는데 도움이 될 것입니다.

일단 호흡이 길어지게 하기 위한 호흡운동에는 휴대폰에 있는 스톱워치나 초침이 있는 시계를 준비하시고, 들여 마시는 호흡(IN)에 시간을 재지 않고 맘껏 들여 마신 후 스톱워치를 작동시켜 호흡을 멈춘상태에서부터 시간을 재기 시작합니다. 그리고 멈추기 위주로 호흡없이 버텨줍니다. 호흡 없이 버티기가 쉽지 않으므로 내쉬는 호흡(OUT)을 해도 되지만 들여 마시는 호흡(IN)은 절대 금지하고 호흡을 멈추기 위주로 버텨 호흡을 아껴서 써야 호흡이 길어집니다.

부록으로 제공되는 CD의 운동 마지막 부분에 순산 호흡을 할 수 있습니다. CD를 보며 운동하시고 운동 후 순산 호흡 연습까지 한다면 더할 나위 없이 좋은 순산준비가 되실 겁니다.

본인이 버틸 수 있는 만큼 버텼다면 그 시간을 기준으로 다음 호흡에는 3~5초 정도씩 늘려가면서 호흡이 길어질 수 있도록 훈련하고 연습하면 호흡은 길어질 수 있고 길어진 호흡을 가질 수 있다면 진통 시에도 진통완화효과를 보실 수 있는 것이 순산 호흡입니다.

들여 마시는 호흡(IN)에 근육은 수축하고 내쉬는 호흡(OUT)에 근육이 이완되므로 내쉬는 시간이 길어지면 근육이 이완되고 이완상태가 길어지면 진통 완화 효과까지 있습니다.

다시 한 번 강조하지만, 출산 시 아기 낳는 기전은 딱딱한 변을 볼 때와 같습니다.

순산 호흡은 진통을 줄이고 빠른 시간 안에 출산할 수 있게 만들어줍니다.

순산 호흡은 매일 아침, 점심, 저녁 언제든 생각날 때마다 하면 더 좋습니다.

아기를 낳으실 때 호흡은 가장 중요합니다. 골반과 질은 이완 호르몬의 도움을 받아 훈련이 없이도 진행되지만 호흡은 연습과 반복된 훈련을 통해서만 얻을 수 있기 때문입니다.

대변을 볼 때처럼 배의 힘이 들어가고 긴 호흡으로 밀어내야 쾌변하실 수 있듯이, 복근운동을 통해 아기를 밀어내주고 긴 호흡으로 더 잘 밀어내 준다면 빠른 시간 안에 출산이 가능합니다. 그래서 긴 호흡인 순산 호흡을 많이 반복하시면서 훈련하시면 순산하실 수 있으십니다. [CD운동 후 순산 호흡 참고]

❹ 자연분만 방해요인

- 역아인 경우
- 탯줄을 아기기 감고 있는 경우
- 아기 머리가 큰 경우
- 아기가 너무 많이 커져 나올 수 없는 경우

- 과다 출혈의 경우
- 자연분만시간이 30시간 이상일 경우
- 산모의 골반이 너무 작은 경우
- 산도에 지방이 많은 경우(임산부의 비만)

그 외에 여러가지 이유로 자연분만이 어려울 수 있지만 자연분만율이 훨씬 높으므로 걱정하지 않으셔도 됩니다. 주치의의 소견을 신뢰하고 따른다면 순산이 가능합니다.

❺ 내 몸 상태 알기

1. 자가진단의 필요성

스스로 체크를 통해서 자신의 몸에 대한 정보를 수집해야 합니다. 대부분의 사람들은 몸이 아프면 일단은 고통을 참아봅니다. 고통이 커지고 커져서 힘들어지고 아파져서 더 이상 버틸 수 없다고 판단했을 때 비로소 병원을 찾게 되고 병원의 처방으로 몸이 고통이 적어지거나 없어지면 병원에서 멀어지게 됩니다. 예전의 습관대로 살다가 또 다시 고통이 커지면 다시 병원으로 향하게 되는 악순환이 계속됩니다.

그래서 자기 몸 상태를 정확히 알고 있어야 몸 상태에 맞는 운동이 가능합니다. 자기의 몸상태에 맞는 운동을 해주어야 상해없이 건강상태를 유지할 수 있습니다.

2. 내 몸 상태 알기 체크리스트

● 다리 체크

자세	오른쪽	왼쪽
짝다리로 버티고 서는 다리는?		
신발의 굽이 많이 닳아진 쪽은?		
의자에 앉을 때, 꼬아 올리는 다리는?		
많이 붓거나 저리거나 쥐가 나는 다리는?		
한쪽 엉덩이가 아픈 쪽의 다리는?		

> 3개 이상 나오는 쪽의
> 다리가 짧습니다.

나쁜 습관으로 골반이 어긋나기 시작합니다. 어긋난 골반 때문에 다리가 길어지거나 짧아집니다.

짧은 다리를 찾았다면, 습관을 몇 가지만 바꿔도 어긋난 골반을 바로잡을 수 있습니다. 하지만 짧은 시간동안에 바로잡을 수는없습니다. 앞으로 살아가는 동안 꾸준히 바로잡기 방법대로 살아가야 합니다.

3개 이상 나오는 다리 쪽을 찾았다면, 그 다리가 짧아져 있는 다리입니다. 그렇다면 찾은 다리의 반대쪽이 길어져 있는 다리가 됩니다.

어긋난 골반 바로잡는 방법

● 버티는 다리를 긴다리로 바꿉니다.
● 의자에 앉을 때 긴다리로 꼬아 올립니다.
● 짧은 다리는 뒤로 보내는 운동을 합니다.
● 긴다리는 가슴 앞으로 당겨주는 운동을 합니다.

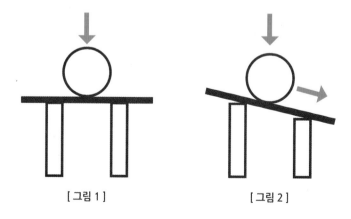

[그림 1]   [그림 2]

[그림 1]과 같이 두 다리의 길이가 같다면, 공을 가운데 올려놓았을 때 어느 쪽으로도 굴러가지 않고 정지되어 있을 것입니다. 즉, [그림 1]은 바른 골반을 갖은 사람의 상태입니다. 반면에 [그림 2]와 같이 다리의 길이가 다르다면, 공을 가운데 올려놓았을 때, 공이 굴러가는 방향이 생기므로 몸의 밸런스가 깨져서 짧은 다리 쪽으로 체중이 실리게 되어 짧은 쪽 다리에 신경이 눌려져 통증이 유발되는 좌골신경통이 생기거나 혈관이 눌려져 붓거나 저리거나 쥐가 많이 나기도 합니다.

임신하기 전에도 골반은 어긋나 있고 다리의 길이는 다릅니다. 하지만 임신 전에는 몸무게를 버틸 수 있을 정도의 체력과 근력을 갖고 있었으므로 통증이 없거나, 덜 느껴졌던 것이고, 임신 후 늘어나는 체중을 이기지 못해 통증이 한쪽으로 쏠리게 되므로 통증이 더 크게 유발되고 그 통증은 체중이 늘어 갈수록 심해집니다. 산후에도 그러한 통증을 호소하는 분들도 있습니다. 출산시 이완되는 관절과 이완된 근육이 힘을 쓰지 못하므로 체중 이기기가 힘들어지면서 신경이 눌려있기 때문입니다. 자연분만을 하면서 더 벌어지는 골반 때문에 골반통이나 요통이 심해지기도 하지만 산후 체중이 줄어들면 통증이 완화되는데 도움이 됩니다.

무의식중에서는 늘 사용하던 다리인 짧은 다리쪽으로 기울이는 것에 편안함이 느껴지므로 체중이 짧은 다리쪽으로 기울이게 됩니다. 본인의 상태를 알았다면 어긋난 골반 바로잡기 방법으로 교정하도록 신경써서 몸을 균형있게 써주도록 합니다. 통증이 분산되고 신경이 덜 눌리게되면 통증이 완화되거나 없어지는데 도움이 됩니다.

● 어깨 체크

자세	오른쪽	왼쪽
바르게 서기 합니다. 높아 보이는 쪽의 어깨는?		

● 척추측만 체크

자세	오른쪽	왼쪽
다리 체크로 나온 다리는?		
어깨 체크로 나온 어깨는?		

4가지 경우의 몸의 상태로 나뉩니다.

1. 오른쪽 다리, 오른쪽 어깨
   - 척추측만이 S자 형태입니다.
2. 왼쪽 다리, 왼쪽 어깨
   - 척추측만이 S자 형태입니다.
3. 오른쪽 다리, 왼쪽 어깨
   - 척추측만이 C자 형태입니다.
4. 왼쪽 다리, 오른쪽 어깨
   - 척추측만이 C자 형태입니다.

척추가 S자나 C자인 측만의 상태에도 사는데 지장이 없지만 계속되는 불균형한 몸 상태라면 노후에 병증이 오게 되므로 운동과 바른 몸 상태로 병증 예방을 하시는 것이 바람직합니다.

바르게 척추를 세워 키가 커진다고 상상하시면 사시는 것이 가장 중요한 척추측만을 바로잡는 운동이 됩니다. [바르게 앉기(37page), 바르게 서기(38page) 참고]

C자 형태로 척추측만을 갖고 있다면, 3번의 몸 상태를 갖으신 분들은 오른손을 왼쪽을 향해 옆으로 늘리거나 기울여주는 운동을 많이 해주시면 교정이 가능하십니다. 4번의 몸 상태를 갖으신 분들은 왼손을 오른쪽을 향해 옆으로 늘리거나 기울여주는 운동을 많이 해주시면 교정이 가능하십니다.

똑같은 횟수로 하는 좌우대칭 운동보다는 3, 4번의 몸 상태를 가지신 분들은 오른쪽과 왼쪽의 운동을 다른 횟수로 운동합니다. 그리고 생활이 운동이 될 수 있도록 하세요. 일단, 호흡 먼저 바꿔주세요. 코로 들여 마시고(IN), 입으로 내뱉는(OUT) 호흡운동으로 바꾸시는 것이 그 변화의 첫걸음입니다.

6 임신기간 중 식이

임산부 필라테스 운동만으로 체중을 조절한다는 것은 쉬운 일이 아닙니다. 식이조절 없는 운동은 효과를 보기가 어려우므로 이제 식이 조절하는 방법에 대해서 말씀드리고자 합니다.

여성이 하루동안 섭취해야 할 칼로리량은 2,000Kcal입니다.

임신 시에는 2,500Kcal 정도를 드시되 영양소를 고르게 섭취해 주는 것이 바람직합니다. [30page 칼로리표 참조]

식사를 아침, 점심, 저녁 시간을 정해서 규칙적으로 하셔야 합니다.

식이 조절을 하여 체내에 지방이 쌓이는 것을 피하고 운동을 통해 근력을 키워준다면 임신 시 찾아올 수 있는 온갖 통증과 병증에서 벗어나실 수 있습니다.

섭취한 만큼 움직이면 체중은 유지되며, 섭취한 것보다 많이 움직이면 체중은 감소됩니다. 당연히 섭취한 것보다 적게 움직이면 체중이 증가하게 됩니다.

산모님들은 임신과 함께 짧아지는 호흡으로 움직임이 적어져 칼로리 소비가 힘들어지는 상태가 되므로, 규칙적인 식사와 체계적인 운동이 체중을 조절하는데 많은 도움이 됩니다.

- 엄마의 체중이 10Kg 늘어도 아기는 3~3.5Kg입니다.
- 엄마의 체중이 20Kg 늘어도 아기는 3~3.5Kg입니다.
- 엄마의 체중이 30Kg 늘어도 아기는 3~3.5Kg입니다.

만삭시 가장 이상적인 체중의 증가는 8~12Kg 정도입니다. 하지만 키가 150Cm인 산모의 12Kg과 키가 170Cm인 산모의 12Kg 체중증가는 큰 차이가 있습니다. 체중이 최소로 증가하도록 노력해야 합니다.

물을 자주 마시는 방법도 좋고, 임신 전 예뻤던 사진이나 좋아하는 몸매를 갖고 있는 연예인의 사진을 냉장고에 붙이고 마인드컨트롤을 하시기 바랍니다. 조금만 철저한 식이조절과 체계적인 운동을 하시면 산전도 편하고 산후의 몸매회복도 빠르고 쉬워집니다.

[칼로리 표]

● 한식

음식이름	칼로리(Kcal)
갈비구이	550
갈비탕	580
곱창전골	500
김치찌개	450
달걀프라이	98
된장찌개	390
물냉면	450
불고기	300
비빔냉면	500
비빔밥	580
삼계탕	800
설렁탕	460
순두부찌개	420
알탕	439
애호박된장찌개	400
어묵전골	440
우거지찌개	370
육개장	490
참치찌개	460
청국장찌개	480
콩비지찌개	430

● 일식

음식이름	칼로리(Kcal)
김초밥	360
대구매운탕	510
메밀국수	290
생선초밥	340
유부초밥	500
회덮밥	450

● 양식

음식이름	칼로리(Kcal)
돈가스	980
생선가스	880
안심스테이크	860
오므라이스	680
카레라이스	600
햄버그스테이크	900

● 중식

음식이름	칼로리(Kcal)
볶음밥	720
짜장면	660
짬뽕	540
탕수육	1780

● 패스트푸드

음식이름	칼로리(Kcal)
라면	500
치킨 1쪽	210
컵라면	300
피자	1120
햄버거	330

● 음료수/차

음식이름	칼로리(Kcal)
녹차	0
당근쥬스	32
두유	125
레몬차	59
블랙커피	0
사이다	100
수정과	267
식혜	238

● 음료수/차

음식이름	칼로리(Kcal)
실론티	30
야쿠르트	80
오렌지쥬스	92
요플레	120
우유	125
율무차	57
카페오레	57
카푸치노	95
캔키피	57
코코아	55
콜라	100
토마토쥬스	92
홍차	0

● 빵/과자류

음식이름	칼로리(Kcal)
도넛	125
마늘빵 1조각	65
사탕	110
새우깡	440
소보로빵	200
소보로빵	200
식빵 1조각	102
아이스크림	100
애플파이	295
야채크로켓	310
양파링	470
에이스	810
초코빼빼로	175
초코파이	160
초콜릿	150
치즈케이크 1조각	400

● 빵/과자류

음식이름	칼로리(Kcal)
케이크 1조각	181
크림빵	294
파운드케이크	230
팥빵	197
하드롤 1개	121

● 분식

음식이름	칼로리(Kcal)
고기만두	340
김밥	480
김치볶음밥	630
돌냄비우동	550
돌솥비빔밥	730
떡볶이	482
비빔국수	450
사골만두국	420
수제비	410
야채김밥	520
오뎅	332
쫄면	458
쫄면볶음	450
참치김밥	570
치즈김밥	580
칼국수	460

● 과일류

음식이름	칼로리(Kcal)
감	68
귤	24
바나나	80
배	204
사과	100
오렌지	46
자몽	110
키위	28
파인애플	174
포도	204
토마토	30
딸기 6알	30
수박 1조각	20

● 떡류

음식이름	칼로리(Kcal)
가래떡	480
경단	46
백설기 1조각	250
송편(깨)	50
송편(팥)	55
시루떡 1조각	210
쑥개피떡	50
약식 1조각	250
인절미	50
절편	230
증편	210
찰시루떡 1조각	50
찹살모찌	120

● 밥류

음식이름	칼로리(Kcal)
보리밥	300
쌀밥	300
오곡밥	300
잡곡밥	300
찰밥	370
콩나물밥	370
콩밥	300
팥밥	300
현미밥	300
흑미밥	300

임산부 필라테스 운동을 하실 때 주의사항으로는 갑자기 무리하게 운동을 하시면 안되므로 일단 호흡과 간단한 스트레칭으로 기초체력을 향상시켜 줍니다.

임신 12주 이상부터는 본격적인 운동을 하시더라도 아기에게 문제가 되는 일이 거의 없습니다.

12주 이상이 되신 산모님들은 호흡, 바른 자세, 간단한 스트레칭으로 몸을 풀어주고 본 동작을 하셔야 몸의 이상을 피할 수 있습니다.

부록 CD에 스트레칭 후 간단한 운동을 넣어두었으므로 CD를 매일 같은 시간에 운동할 수 있도록 계획하시고 실천하세요.

식사도, 낮잠과 취침 시간도, 운동도 규칙적으로 하시는 것이 가장 바람직하고 이러한 엄마의 생활을 아기에게 인지시키는 것이 태교도 되시고 산모님의 몸 상태도 좋아지는데 도움이 될 것입니다.

Part 02

쉽게 따라하며 배우는
임산부 필라테스

Lesson 01
필라테스의 호흡과 자세

"입덧에서 벗어나시려면?"

1. 휴식을 취합니다.

2. 음식은 조금씩 자주 먹습니다.

3. 먹고 싶은 음식을 먹습니다.

4. 평소에 하고 싶었던 일을 합니다.

5. 입덧이 줄어드는 음식을 먹습니다.
   (레몬, 식초, 신맛음식, 배, 귤, 비빔국수, 매운탕, 모과차, 생강차 등)

6. 찬 음식은 차게, 더운 음식은 따뜻하게 먹습니다.

7. 음식냄새를 맡지 않도록 합니다.

8. 짜지 않게 먹습니다.

9. 물을 많이 마십니다.

10. 담백한 음식 위주로 먹습니다.

11. 편안한 옷을 입습니다.

12. 탄산수를 마십니다.

13. 영양제를 섭취합니다.

14. 긍정적으로 마인드컨트롤을 합니다.

① 필라테스의 호흡

1. 코로 들이마신다(IN) - 1가지

❶ 늑간근(갈비뼈 사이 근육)이 양옆으로 팽창되도록, 갈비뼈 늑골이 양옆으로 벌어지면 넓어진다고 상상합니다.(3D 입체적인 움직임)

2. 입으로 내뱉는다(OUT) - 3가지

❶ 넓혀졌던 갈비뼈 늑골이 좁아진다고 상상합니다.

❷ 배꼽이 등쪽으로 붙는다고 상상합니다.

❸ 괄약근 운동하듯이 항문, 요도, 질을 다같이 조여 줍니다.(하복근이 운동하는 느낌이 듭니다.)

3. 코로 들이마시고 입으로 내뱉은 편안한 호흡(IN&OUT)

참고
• 들이마실 때 키가 커진다고 상상하고 내뱉는 호흡에 키가 더욱 커진다고 상상하며 호흡합니다.
• 과호흡이나 심호흡을 하지 말고 본인의 호흡 시간에 맞추어 적당히 무리하지 않고 호흡합니다.

주의
과호흡, 심호흡은 어지럼증, 미식거림, 구토, 두통을 유발할 수 있습니다. 만약 그런 증상이 있다면, 과호흡, 심호흡을 하기 때문이니 편안한 본인의 호흡을 하면, 증상이 없어지고 대신 본인 호흡 템포에 맞추어 IN&OUT 하시는 것이 필라테스 호흡입니다.

호흡을 연습하실 때 갈비뼈의 움직임을 인지할 수 있도록 타월을 이용하여 연습을 하면 좋습니다. 사진처럼 가슴아래 갈비뼈의 부위를 타월로 감싸 타월의 끝자락을 X자형으로 교차하여 손등이 천장을 향하도록 하여 잡고 들여 마실 때(IN)는 살짝 팔의 힘을 풀어주어 갈비뼈를 좌우로 넓게 팽창시키고 입으로 내쉴 때(OUT)는 양 쪽 팔을 서로 당겨주어 갈비뼈를 더욱 조여 줍니다.

이런 식으로 연습하면 상상으로 늑골(갈비뼈)을 움직일 때보다 더 많이 더 크게 늑골(갈비뼈)을 움직일 수 있고 움직임을 느끼기도 쉽습니다.
타월이 없어도 혼자 늑골(갈비뼈)의 움직임이 느껴지실 수 있도록 연습합니다.

[호흡법]

② 필라테스의 바른 자세

필라테스 운동에서 호흡과 동시에 가장 중요한 것이 바른 자세입니다. 바르지 못한 자세가 지속되면 몸의 밸런스가 깨지며 통증으로 연결되기 때문입니다.

필라테스에서 이야기하는 바른 자세란 옆모습이 귀의 반, 어깨의 반, 복숭아 뼈가 일직선상에 있도록 하고 서거나 귀의 반, 어깨의 반, 엉덩이뼈(좌골)가 일직선상에 있도록 앉는 것입니다.

여기서 알려주는 바른 자세가 불편하고 힘들 수도 있지만, 바른 정렬을 갖게 되어 통증과 병증을 예방할 수 있으므로 평상시에 바른 몸의 상태를 유지할 수 있도록 노력합니다.

1. 바르게 눕기

꼬리뼈 바닥에 살짝 내려 골반을 바르게 합니다. 머리 정수리 꼭지점, 꼬리뼈 꼭지점에 일직선을 그어 척추가 좌우 대칭이 같도록 눕습니다. 이 때, 목과 허리는 살짝 바닥에서 떠 있고 머리 뒤통수, 가슴뒤쪽등과 엉덩이가 바닥에 붙어있는 상태를 말합니다.

[운동준비자세]

무릎을 구부린 상태로 발바닥은 11자형이 되도록, 발의 넓이는 골반의 넓이 정도를 유지, 무릎과 무릎 사이는 주먹이 들어갈 정도의 공간을 만들어줍니다.

발바닥 11자 모양이란 무릎을 세운 상태에서 발뒤꿈치의 바깥라인과 새끼발가락 바깥라인이 일직선이 되도록 하는 것을 말합니다.

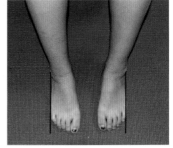

[발모양 11자]

2. 바르게 앉기

앉은 자세에서 중요한 사항은 바른 자세의 기준점을 아는 것입니다.

귀 뒤 아래의 작은 뼈를 느껴보고 엉덩이의 뼈를 느껴봅니다.

귀 뒤의 연골뼈에 꼭지점, 엉덩이뼈(좌골)에 꼭지점을 상상으로 옆에서 찍어 놓은 지점에 자를 대어 일직선을 그리고 그 일직선 안에서 몸이 바르게 세워지도록 합니다.

"머리 정수리가 길어진다"고 "키가 커진다"고 상상합니다.

턱선과 바닥의 선이 평행이 되도록 하고 시선은 정면을 바라봅니다.

벽과 바닥에 모서리 부분에 엉덩이를 밀어넣어주어 밀착한 후, 등을 벽에 기대고 머리뒤통수를 벽에 붙여 벽에 붙어져있는 등의 모양을 느껴봅니다.

앉을 때 배와 가슴을 내밀거나 상체가 기울어지지 않도록 합니다.

바르게 앉으면 척추의 유연성이 좋아지고 키가 커지는 효과가 있으며, 요통 예방과 복근운동이 됩니다.

[정면]   [귀 뒤 아래의 작은 뼈]

[엉덩이뼈 인지를 위한 움직임]

3. 바르게 서기

바르게 눕기와 바르게 앉기 자세의 상체 모습과 같아야 합니다.

발의 모양이 11자 모양이 되도록 하되 고관절(골반에 허벅지 대퇴골이 끼워져 있습니다. 발을 굴렸을 때 제일 많이 움직여지는 부분)과 무릎 중앙과 두 번째 발가락이 일직선상에 있도록 합니다.

발바닥의 모양은 발뒤꿈치 바깥 라인과 새끼발가락 바깥라인이 1자의 모양을 갖도록 합니다.

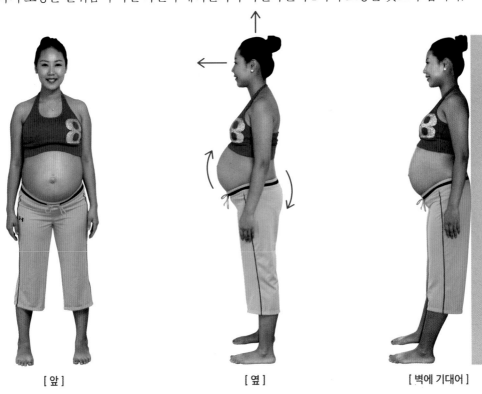

[앞]   [옆]   [벽에 기대어]

4. 골반 바로 세우기

바르게 섰을 때의 골반모양은 다음과 같습니다. 바지 지퍼를 올릴 때처럼 상상하며 골반을 바로 세워줍니다. 허리는 일직선이 되도록 배는 가슴으로 끌어올려 골반을 바르게 세워줍니다. 복근이 운동되고 허리근력이 좋아집니다. 요통, 치골통, 환도통이 덜해지거나 예방되는데 도움이 되는 운동입니다.

   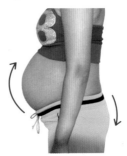

[엉덩이 빼기]   [골반 올리기]

[엉덩이 빼고]

[엉덩이 당기고]

통아저씨가 춤추듯이
골반만 튕겨 올려줍니다.
바지 지퍼를 올릴 때처럼
골반을 올려줍니다.

5. 어깨의 바른 정렬 자세(견갑골 내리기)

어깨와 귀의 거리가 항상 멀도록 합니다.

몸통의 움직임을 제한하고 어깨를 바닥을 향해 내려줍니다.

어깨는 양옆으로 내려줄 때, 배나 가슴이 앞으로 나가거나 뒤로 빠지지 않도록 복부의 힘을 유지합니다.

견갑골이 X자형으로 내려간다고 생각하며 어깨가 바닥을 향해 지긋이 내려줍니다.

목선과 어깨선이 예뻐지고 등살이 빠지고 가슴운동으로 유선이 촉진되는 효과도 있습니다. 견통이 예방되고, 겨드랑이, 주부살이 빠지는 효과가 있습니다.

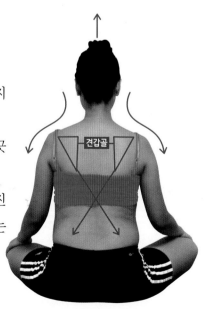

[어깨 정렬하기]

Lesson 02
간단한 스트레칭으로 몸 풀기

태아를 위한 기도 1

한없이 좋으신 하나님

저희에게 아기를 주시어 감사드립니다

아기는 주님께서 저희 부부에게 내려주신

큰 축복이며 기쁨입니다

저희들이 주님의 뜻을 따라

아기를 착하고 귀엽게 키우도록

저희들에게 필요한 은총을 넉넉하게 주소서

저희들이 원하는 자녀가 아니라

주님께서 원하시는 자녀로 자라도록

이끌어 주시고 도와주소서

저희 아기가 지금 배속에서부터

그리고 이 세상 빛을 보면서부터

주님과 사람들 앞에 부끄러움 없이 살도록

항상 가까이서 지켜주소서

사랑의 주님께 순산의 은혜도 청하오니

저희들의 청을 너그러이 받아주소서

- 천주교 수원교구 가정기도서 '주님과 함께' 중에서

001 발바닥 만나 무릎 털기

(무리가 없다면 무제한)

운동효과 • 골반이완, 혈액순환, 복근, 허리근력

❶ 발바닥을 붙이고 손을 깍지 끼워 발을 잡아줍니다.

❷ 무릎을 위아래로 흔들어줍니다.

Q사인
허리 세우기
견갑골 내리기

❸ 오뚝기처럼 엉덩이를 완전히 띄워서 좌우로 들썩이며 운동합니다.

참고
• 무릎을 털지 않고 앉아만 있어도 골반이 이완됩니다.
• 등을 벽에 기대고 앉아서 운동하면 쉽습니다.
• 꼬리뼈나 골반이 아프면, 꼬리뼈 엉덩이 부위에 살짝 방석을 끼워서 앉으면 통증 없이 운동할 수 있습니다.

002 인사하기

(2회~5회)

운동효과 • 복근, 골반이완, 하체근력, 혈액순환, 요통예방, 질요도, 항문탄력

❶ 발바닥을 붙이고 손을 깍지 끼워 발을 잡아줍니다.

❷ **OUT** 인사하듯 머리-가슴-허리 순서로 상체를 내려줍니다.
(**IN&OUT** 5~10 동안 머물러 줍니다.)

Q사인
엉덩이 바닥에 고정
견갑골 내리기
고개 떨구기

❸ **OUT** 상체를 허리-가슴-머리 순서로 일어납니다.

참고
• 일어났을 때, 어지럼증이 생겼다면 머리를 내리지 않고 합니다.
• 두 팔을 바닥에 뻗어 이마를 바닥에 내리면, 강한 운동이 됩니다.
• 엉덩이가 바닥에서 떨어지지 않습니다.

003 손목 돌리기

(5~10회)

운동효과 • 손목관절유연성, 팔근력, 손목관절교정, 혈액순환

❶ **IN&OUT** 바르게 앉습니다.

Q사인
허리 세우기
견갑골 내리기

❷ 오른손목 아래를 왼손으로 잡고
IN&OUT 오른손목을 안쪽과 바깥쪽으로
천천히 돌려줍니다.

❸ 반대쪽도 같은 방법으로 운동합니다.

참고
• 등을 벽에 기대고 하면 쉽습니다.
• 엉덩이 뒤쪽에 쿠션을 깔고 앉아서 하면 골반통이나 꼬리뼈통증이 완화됩니다.
• 소리가 나는 방향을 좀 더 운동합니다.(손목 관절이 제자리에 있으면 소리가 나지 않습니다. 소리가 나지만 통증이 없다면 스트레스 받지 않으셔도 됩니다.)

004 팔 돌리기

(5~10회)

운동효과 • 어깨관절유연성, 팔근력, 오십견예방, 혈액순환, 견통예방, 등살•팔살 빠짐, 유선촉진

❶ **IN&OUT** 바르게 앉습니다.

Q사인
허리 세우기
견갑골 내리기

❷ **IN&OUT** 손끝을 어깨에 얹습니다.

❸ **IN&OUT** 팔꿈치를 붙입니다.

④ 팔을 크게 위로 올려줍니다.

⑤ 손등이 뺨을 스쳐 목 뒤에 손등을 붙여줍니다.

⑥ 팔꿈치로 크게 원을 그린다고 상상하며 뒤로 돌려 내려줍니다.

Q사인
고개 숙이지 않기
시선 정면 보기
배·가슴 내밀지 않기

⑦ 돌린 팔꿈치를 가슴 앞에서 붙여줍니다.

⑧ 돌렸던 반대 방향으로 팔꿈치를 돌려 운동합니다.

참고
• 팔꿈치를 크게 돌리면, 운동이 어렵습니다.
• 고개를 숙이며 운동하면 쉽습니다.

005 옆구리 늘리기 (5~10회)

운동효과 • 복부탄력, 어깨관절유연성, 등살 • 옆구리살 • 팔살 빠짐, 유선촉진, 혈액순환, 복근, 오십견예방, 견통예방

❶ **IN&OUT** 바르게 앉습니다.

Q사인
허리 세우기
견갑골 내리기

❷ 두 손을 깍지 끼워 뒤통수에 얹습니다.

❸ 오른쪽으로 몸을 기울입니다.

Q사인
팔꿈치 뒤쪽으로 밀기
시선 정면 보기
왼쪽 엉덩이 누르기

❹ 반대쪽도 같은 방법으로 운동합니다.

참고
• 발을 'Z'자로 앉아서 운동하면 좀 더 어려운 운동이 됩니다.
• 두 발을 양옆으로 벌려서 운동하면 좀 더 어려운 운동이 됩니다.

006 발 뻗어 옆구리 늘리기

(2~5회)

운동효과 • 복근, 척추유연성, 전신 피부탄력, 등살 • 옆구리살 빠짐, 혈액순환

❶ **IN&OUT** 오른발을 뻗고, 왼발은 접어 오른손은
오른발 위에 얹고 **OUT** 왼손은 길게 늘려줍니다.

Q사인
시선 정면 보기
왼쪽 엉덩이 누르기
오른 견갑골 내리기
발뒤꿈치 밀기

❷ **OUT** 두 손으로 오른발을 잡고 상체를 트위스트 해
시선은 오른발을 봅니다.
(**IN&OUT** 5~10초 정도 머무릅니다.)

Q사인
시선, 가슴, 배꼽이 오른쪽 무릎쪽으로 향하기

❸ **OUT** 허리→가슴→머리 순서로 일어나 앉습니다.

❹ 반대쪽도 같은 방법으로 운동합니다.

007 골반 굴리기

(무리가 없다면 무제한)

운동효과 • 골반이완, 고관절유연성, 질이완수축, 혈액순환

❶ 두 발을 벌려 앉습니다.

❷ 두 손을 바닥에 살짝 대고 **IN&OUT** 앞뒤로 골반을 굴리듯이 흔들어줍니다.

Q사인
허리 세우기
견갑골 내리기

참고
• 무릎을 구부려서 시도합니다.
• 두 발을 조금 좁힌 상태로 합니다.
• 두 손을 뒤쪽에 살짝 지지하고 시도합니다.

008 발 벌려 트위스트

(5~10회)

운동효과 • 척추유연성, 등살 빠짐, 복부탄력, 하체스트레칭, 혈액순환

❶ **IN&OUT** 두 발을 벌려 앉습니다.

❷ **OUT** 오른쪽으로 몸통을 돌립니다.
(**IN&OUT** 5~10초 정도 머무릅니다.)

Q사인
허리 세우기
왼쪽 엉덩이 누르기
두 발뒤꿈치 밀기
턱이 바닥과 평행하기
오른쪽과 왼쪽 어깨 높이 같기

❸ 반대쪽도 같은 방법으로 운동합니다.

참고
• 무릎을 구부려서 시도합니다.
• 두 발을 조금 좁힌 상태로 합니다.

009 두 발 스트레칭

(5~10회)

> **운동효과** ● 하체스트레칭, 복근, 척추유연성, 혈액순환, 피부탄력

❶ **IN&OUT** 두 발을 벌려 앉습니다.

❷ **OUT** 두 손으로 오른발을 잡아줍니다.
(**IN&OUT** 5~10초 정도 머무릅니다.)

Q사인
견갑골 내리기
왼쪽 엉덩이 누르기
발뒤꿈치 밀기

❸ 반대쪽도 같은 방법으로 운동합니다.

참고
• 좀 더 쉽게 하려면, 발을 앞으로 모아 좁히거나,
무릎을 살짝 구부립니다.

010 발 흔들기

(5~10회)

운동효과 • 발목, 무릎, 고관절이완 강화, 관절액생성, 혈액순환, 복근, 하체근력

❶ **IN&OUT** 두 발을 엉덩이 넓이보다 넓게 벌립니다.

Q사인
허리 세우기
손끝으로 살짝 지지하기
견갑골 내리기

❷ **IN&OUT** 두 발의 안쪽과 바깥쪽이
바닥에 닿도록 흔들어줍니다.

참고
• 등을 벽에 기대어 운동하면 쉽습니다.
• 엉덩이 뒤쪽에 쿠션을 깔고 앉아서 운동하면 편합니다.

011 두 발 벌려 인사하기 (5~10회)

운동효과 • 복근, 하체스트레칭, 골반이완, 질이완수축, 등스트레칭, 엉덩이스트레칭, 척추트위스트, 복부탄력, 혈액순환

❶ **IN&OUT** 두 발을 벌려 앉습니다.

❷ **IN** 두 팔을 앞으로 뻗어서 **OUT** 팔꿈치를 구부려 엎드립니다.
(**IN&OUT** 5~10초 정도 머무릅니다.)

Q사인
상체 긴장 빼기
견갑골 내리기

❸ **IN&OUT** 오른손은 오른발 밖으로 바닥을 지지하고, 왼손으로 오른발을 잡아줍니다.
(**IN&OUT** 5~10초 정도 머무릅니다.)

Q사인
시선은 오른손등 보기
왼쪽 엉덩이 누르기
두 발뒤꿈치 밀기
상체 긴장 빼기

❹ 제자리로 돌아와 반대쪽도 같은 방법으로 운동합니다.

❺ 제자리로 돌아와 두 팔을 길게 뻗어 상체를 내립니다.
(**IN&OUT** 5~10초 정도 머무릅니다.)

❻ **OUT** 허리-가슴-머리 순서로 일어납니다.

참고
• 아기는 양수 안에 있으므로 유연하다면, 바닥에 몸을 붙여도 무관합니다.
• 두 발을 조금만 벌리거나, 무릎을 구부려주거나, 상체를 조금만 내려가면 됩니다.
• 할 수 있는 만큼 자주 해서 잘 할 수 있도록 합니다.

012 발등 세우기 & 발뒤꿈치 밀기 (5~10회)

운동효과 • 하체근력, 발목 강화, 혈액순환, 부종예방&완화, 복근

❶ **IN&OUT** 두 발을 모아서 곧게 뻗어줍니다.
(**IN&OUT** 5~10초 정도 머무릅니다.)

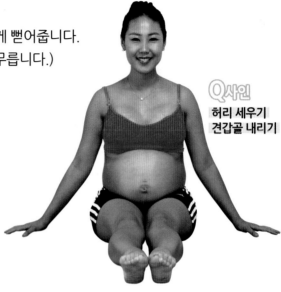

Q사인
허리 세우기
견갑골 내리기

❷ **IN&OUT** 발뒤꿈치를 밀어줍니다.
(**IN&OUT** 5~10초 정도 머무릅니다.)

Q사인
무릎 펴기
발뒤꿈치가 종아리 높이만큼 들려지기
두 번째 발가락 발뒤꿈치 일직선으로 하기

 참고
• 등을 벽에 기대어 운동하면 쉽습니다.
• 엉덩이 뒤쪽에 쿠션을 깔고 앉아서 운동하면 편합니다.

013 발목 돌리기

(5~10회)

운동효과 • 발목, 무릎, 고관절이완, 관절액생성, 혈액순환, 복근, 하체근력

❶ **IN&OUT** 두 발을 엉덩이 넓이보다 넓게 벌립니다.

Q사인
허리 세우기
손끝으로 살짝 지지하기
견갑골 내리기

❷ **IN&OUT** 발목을 크게 돌려줍니다.

❸ **IN&OUT** 돌렸던 방향의 반대방향으로도 돌려줍니다.

참고
• 등을 벽에 기대어 운동합니다.
• 엉덩이 뒤쪽에 쿠션을 깔고 앉아서 운동합니다.

014 무릎 눌러 트위스트

(5~10회)

운동효과 ● 복근, 척추유연성, 팔근력, 골반이완, 질이완수축, 어깨관절유연성, 복부탄력, 등살빠짐, 혈액순환

❶ **IN&OUT** 발바닥을 서로 맞대고 앉아서 손을 무릎 위에 얹습니다.
(**IN&OUT** 5~10초 정도 머무릅니다.)

Q사인
상체 기울이기
손바닥으로 무릎 누르기

❷ **IN** 왼팔을 펴서 무릎을 누르고,
OUT 왼쪽 어깨가 오른쪽 무릎을 향하게 천천히 눌러 내립니다.
(**IN&OUT** 5~10초 정도 머무릅니다.)

Q사인
시선은 오른쪽 어깨 보기
왼쪽 엉덩이 누르기

❸ 반대쪽도 같은 방법으로 운동합니다.

참고 • 엉덩이가 바닥에서 떨어지지 않도록 주의합니다.

015 엉덩이 스트레칭

(5~10회)

운동효과 • 엉덩이 • 허리근육이완&강화, 혈액순환, 등스트레칭

❶ **IN&OUT** 바르게 앉습니다.

Q사인
허리 세우기
견갑골 내리기

❷ **OUT** 두 팔은 오른쪽으로 뻗어줍니다.
(**IN&OUT** 5~10초 정도 머무릅니다.)

Q사인
왼쪽 엉덩이 누르기
상체 기울이는 느낌으로 하기

❸ 반대쪽도 같은 방법으로 운동합니다.

참고
• 상체를 엉덩이에서 멀리 보낼수록 어려운 운동이 됩니다.
• 배를 밀어 엉덩이는 뒤로 빼고 허벅지에 배를 기울여 눌러줍니다.

Lesson 03
앉아서 하는 임산부 필라테스

태교하기

1. 태명 만들기
 - 의미 있는 이름으로 만들어서 계속 불러주기

2. 태교계획표 만들기
 - 음악듣기
 - 태담하기
 - 여행하기
 - 노래하기
 - 손가락발가락 움직이기
 - 운동하기
 - 명상하기
 - 산책하기
 - 좋은 향기 맡기
 - 남편과 시간보내기

3. 태교일기 쓰기
 - 매일? 일주일에 한번? 한 달에 한 번?
 - 매일 반복적으로 쉬지 않고 실천하기

016 옆구리 늘리기

(5~10회)

운동효과 • 복근, 팔, 척추유연성, 피부탄력, 등살 • 옆구리살 빠짐, 혈액순환

❶ **IN&OUT** 두 팔을 벌립니다.

Q사인
두 손을 어깨 높이만큼 올리기
키 커지기
견갑골 내리기

❷ **IN** 왼손바닥에 내리고 **OUT** 오른손 길게 늘입니다.

❸ 몸의 긴장을 풀고, 몸에 힘을 주지 않습니다.

❹ 제자리로 돌아와 반대쪽도 같은 방법으로 운동합니다.

017 손바닥 밀기 (5~10회)

운동효과 • 가슴근육, 팔살 • 옆구리살 • 등살 빠짐, 팔근력, 복근, 혈액순환

❶ **IN&OUT** 손목과 팔꿈치가 일직선을 유지하도록 합니다.

Q사인
팔꿈치와 손목 높이 유지하고 좌우로 밀어주기
허리 세우기
견갑골 내리기

❷ **OUT** 손바닥 아랫부분을 서로 밀어줍니다. **1**

❸ **OUT** 오른쪽 방향으로 팔을 밀어줍니다. **2**

❹ **OUT** 제자리로 돌아와 왼쪽으로 팔꿈치를 밀어줍니다. **3**

참고
• 손가락이 바닥을 향하도록 하고 손등을 마주대어 밀어줍니다.
• 두 손가락 끝을 대고 손바닥을 붙이지 말고 밀어줍니다.

018 손바닥 밀고 팔 돌리기

(5~10회)

운동효과 • 팔근력, 유선촉진, 등살 • 옆구리살 • 팔살 빠짐, 가슴근육, 혈액순환, 견통예방, 손목관절강화

❶ **IN&OUT** 바르게 앉습니다.

❷ **IN** 두 팔을 어깨 높이만큼 들어 올려 손바닥을 양 옆으로 **OUT** 길게 밀어줍니다.
(**IN&OUT** 5~10초 정도 머무릅니다.)

Q사인
허리 세우기
견갑골 내리기

Q사인
허리 세우기
견갑골 내리기

❸ **IN&OUT** 두 손바닥을 밀어준 상태로 양 옆에 큰 원을 그린다고 상상하며 앞뒤로 돌려줍니다.

019 손바닥 밀고 당기기 (5~10회)

운동효과 · 팔근력, 손목관절강화, 옆구리살·등살 빠짐, 어깨관절유연성, 손목관절교정, 혈액순환

❶ **IN&OUT** 바르게 앉고 두 팔은 어깨 높이만큼 올려줍니다.

Q사인
허리 세우기
견갑골 내리기
손이 어깨보다 높거나 낮아지지 않도록 하기

❷ **OUT** 손바닥을 세게 밀어줍니다.

Q사인
견갑골 내리기

❸ **OUT** 손등을 세게 밀어줍니다.

참고
• 손을 미는 시간을 오래 멈추어 있을수록 어렵습니다.
• 손을 미는 시간을 짧게 할수록 쉬워집니다.

020 등 뒤로 손 잡기

(5~10회)

운동효과 • 팔근력, 유선축진, 등 • 팔 • 옆구리살 빠짐, 가슴근육, 팔혈액순환, 견통 예방, 어깨관절유연성, 복근, 허리근력

❶ **IN & OUT** 바르게 앉은 상태로 두 팔은 어깨 높이만큼 올려줍니다.

Q사인
허리 세우기
견갑골 내리기
손이 어깨보다 높거나 낮아지지 않도록 하기

❷ **IN** 오른팔을 위로 왼팔은 아래로 내려 뻗습니다.

❸ **OUT** 두 팔을 등 뒤에서 잡아줍니다.
(**IN & OUT** 5~10초 정도 머무릅니다.)

Q사인
손끝을 위아래에서 당겨준다고 상상하기

Q사인
손이 안 잡히면 위아래 옷자락 잡아주기

참고
• 어렵게 하려면 할 수 있는 만큼 상체를 기울이거나, 인사하듯 숙여줍니다.
• 한 손은 어깨 위에, 한 손은 겨드랑이 옆에 붙이면, 쉽게 할 수 있습니다.

021 팔 늘리기 (5~10회)

운동효과 • 팔스트레칭, 혈액순환, 손목관절강화, 팔근육강화, 가슴근육, 유선촉진

❶ **IN&OUT** 두 팔을 어깨 높이만큼 올려줍니다.

Q사인
허리 세우기
견갑골 내리기
손이 어깨보다 높거나 낮아지지 않도록 하기

❷ **IN** 오른손가락을 하늘 쪽으로 세우고 왼손으로
오른손가락들 앞에 얹어 잡습니다.

❸ **OUT** 왼손으로 오른손가락을 당겨줍니다.
(**IN&OUT** 5~10초 정도 머무릅니다.)

❹ **IN** 오른손가락이 아래로 향하게 하고
OUT 왼손으로 오른손가락을 당겨줍니다.
(**IN&OUT** 5~10초 정도 머무릅니다.)

Q사인
견갑골 내리기

❺ 반대쪽도 같은 방법으로 운동합니다.

022 맷돌 돌리기

(5~10회)

운동효과 • 복근, 복부탄력, 척추유연성, 장마사지, 내장기관 정렬, 골반 및 관절교정

❶ **IN&OUT** 바르게 앉고
   OUT 가슴을 앞으로 밀어서 배는 길어지고,
   등은 좁아지도록 합니다.

Q사인

허리 세우기
견갑골 내리기
척추가 길어진다고 상상하기
두 엉덩이 눌러주기
부드럽게 돌려주기

❷ **OUT** 척추를 오른쪽으로 옆구리를
   최대한으로 보내 C커브를 만들어줍니다.

❸ **OUT** 척추를 뒤로 보내고 고개를 숙여 배꼽을 보며,
   배는 좁아지고 등은 길어지게 C커브를 만들어줍니다.

❹ 반대로, 척추를 왼쪽으로 옆구리를 최대한으로 보내 C커브를 만들어줍니다.

❺ 척추로 원을 그린다고 상상하며 오른쪽과 왼쪽으로 돌려줍니다.

023 척추 트위스트 (5~10회)

> **운동효과** • 복부탄력, 등살 • 옆구리살 빠짐, 척추유연성, 복근, 혈액순환

❶ **IN&OUT** 바르게 앉은 자세에서, **IN** 두 팔을 들어줍니다.

Q사인
허리 세우기
견갑골 내리기
어깨 높이만큼 팔 들기

❷ **OUT** 오른쪽으로 몸통을 돌려줍니다.

Q사인
턱이 바닥과 평행하기
왼쪽 엉덩이 누르기

❸ **OUT** 한 번 더 오른쪽으로 돌려줍니다.

Q사인
왼쪽 엉덩이 누르기
몸통을 더 돌려주기

❹ 반대쪽도 같은 방법으로 운동합니다.

024 골반이완 스트레칭 (5~10회)

운동효과 • 허리 • 허벅지근육이완, 엉덩이힙업, 하체근력, 고관절이완, 혈액순환

❶ 골반을 벌려주는 동작으로 구부린 발 무릎위에 손을 얹고 다른 쪽 다리 는 길게 뻗어줍니다.
(IN&OUT 5~10초 정도 머무릅니다.)

Q사인
**골반 바로 세우기
시선 정면 보기
견갑골 내리기**

❷ 반대쪽도 같은 방법으로 운동합니다.

참고 • 진통 시, 이 동작은 태아가 골반 내로 진입위치를 잡는데 도움을 줍니다.
(런지 동작)

025 무릎 꿇고 일어나기&앉기

(5~10회)

운동효과 • 하체근력, 하체관절유연성, 복근, 엉덩이, 하체살 빠짐, 혈액순환

❶ **IN&OUT** 무릎을 꿇고 앉습니다.

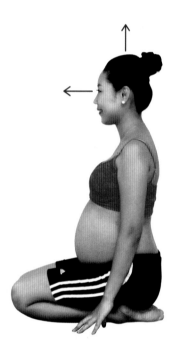

❷ **OUT** 등이 일직선인 상태로 일어납니다.

Q사인
견갑골 내리기
시선 정면 보기

❸ 일어난 상태로 골반을 바로 세워줍니다.

골반 바로 세우기

❹ OUT 등이 일직선인 상태를 유지하며 내려갑니다.

**견갑골 내리기
시선 정면 보기**

❺ 그대로 앉아 줍니다.

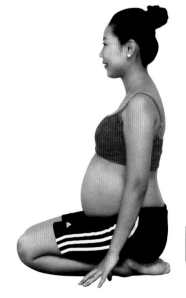

참고
• 천천히 일어나면 운동이 어려워 집니다.
• 빠르게 일어나면 운동이 쉬워 집니다.
• 등의 일직선을 지키며 운동하기를 지켜야 효과가 좋습니다.

026 상체 기울이기 (5~10회)

> **운동효과** ● 하체근력, 하체관절유연성, 복근, 엉덩이, 겨드랑이살 ● 팔살 ● 등살 빠짐, 혈액순환

❶ **IN&OUT** 머리부터 무릎까지 일직선으로 섭니다.

Q사인
골반 바로 세우기
견갑골 내리기
시선 정면 보기

Q사인
어깨부터 무릎까지 사선 만들기
시선 무릎 보기

❷ **IN** 고개인사를 **OUT** 상체를 기울입니다.
　(**IN&OUT** 5~10초 정도 머무릅니다.)

❸ **IN&OUT** 몸을 기울인 채 앞뒤로 팔을 흔들어줍니다.(10~20회)

Q사인

겨드랑이 조여주기
팔꿈치 펴서 흔들기
몸통 흔들리지 않기

❹ **OUT** 동작이 끝나면 상체를 일으켜 세웁니다.

❻ 무릎 꿇고 앉아 줍니다.

❺ **OUT** 등의 모양이 일직선을 지키며 내려갑니다.

참고
• ❶번 상태로 팔만 흔들어서 운동합니다.
• ❶❷만 운동하고 잘 된다면, ❸번 운동을 더해도 좋습니다.

027 전신 스트레칭 (5~10회)

운동효과 ● 전신근력, 유연성, 전신피부, 탄력, 관절강화, 혈액순환, 엉덩이힙업

❶ **IN & OUT** 무릎을 꿇고 앉습니다.

Q사인
허리 세우기
견갑골 내리기

❷ **OUT** 등의 모양이 일직선인 상태로
일어납니다.

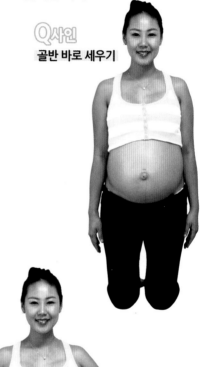

Q사인
골반 바로 세우기

❸ **IN & OUT** 오른발 무릎 아래 오른발 뒤꿈치를
왼발 무릎과 오른발 무릎이 평행인 상태로
오른손은 무릎 위 왼손은 허리 위에 얹습니다.

Q사인
직사각형 만들기
시선 정면 보기

❹ **OUT** 오른쪽으로 기울여 앉습니다.
　　(**IN&OUT** 5~10초 정도 머무릅니다.)

Q사인

어깨 높이 같기
오른발뒤꿈치 들기

❺ **OUT** 일어납니다.

❻ **IN** 두 팔을 어깨 높이만큼 들어 올려줍니다.

❼ **OUT** 왼손은 어깨 밑에 오른손은 하늘을 향해 뻗어줍니다.
(**IN&OUT** 5~10초 정도 머무릅니다.)

Q사인
오른손과 왼손 끝이 일직선 만들기
시선 오른손 끝 보기
오른손 끝을 하늘에서 당겨준다고 상상하기

❽ **IN** 왼손바닥을 지지하고 **OUT** 오른손은 귀 옆으로 붙여줍니다.
(**IN&OUT** 5~10초 정도 머무릅니다.)

Q사인
견갑골 내리기

❾ **IN** 오른손은 하늘로 향하게 올려 뻗어줍니다.

❿ **OUT** 상체를 일으켜 세워줍니다.

⓫ **IN&OUT** 오른손은 무릎 위, 왼손은
허리 위에 얹어줍니다.

⓬ **OUT** 오른쪽으로 기울여 앉습니다.

Q사인
어깨 높이 같기
오른발뒤꿈치 들기

⑬ **IN** 두 손을 어깨 밑으로 내려 바닥을 지지합니다.

⑭ **IN&OUT** 오른팔로 오른발 무릎을 밀며 **OUT** 오른쪽으로 몸통을 돌리고 왼발은 길게 뻗어줍니다.(**IN&OUT** 5~10초 정도 머무릅니다.)

Q사인
시선 정면 보기
견갑골 내리기
골반 바로 세우기
어깨 밑에 손바닥 버티기, 목 앞뒤 주름 펴기
왼쪽 허벅지, 무릎, 정강이, 발등 바닥에 누르기

[옆모습]

Q사인
오른발 무릎이 오른팔 바깥으로 향하기

[정면 모습]

⑮ **OUT** 어깨 밑에 팔꿈치를 내려줍니다. (**IN&OUT** 5~10초 정도 머무릅니다.)

Q사인
왼쪽 허벅지 지그시 누르기
머리~꼬리뼈 사선 만들기
시선 바닥 편히 보기

⑯ **OUT** 상체를 내려줍니다. (**IN&OUT** 5~10초 정도 머무릅니다.)

Q사인
얼굴 편한 쪽으로 향하기

⑰ **OUT** 두 팔을 뻗어줍니다. (**IN&OUT** 5~10초 정도 머무릅니다.)

⑱ **OUT** 어깨 밑에 팔꿈치로 상체를 일으킵니다. (**IN&OUT** 5~10초 정도 머무릅니다.)

⓳ **OUT** 어깨 밑에 손바닥으로
상체를 일으킵니다.

Q사인
견갑골 내리기
골반 바로 세우기

⓴ **OUT** 몸통을 왼쪽으로 돌려주고
왼쪽 무릎을 구부려 뒤로 돌려줍니다.

㉑ **OUT** 상체를 일으켜 세워줍니다.

㉒ **IN & OUT** 팔을 내리고 무릎을 내려줍니다.

㉓ **OUT** 등을 일직선으로 무릎을 꿇고 앉습니다.

㉔ 반대편도 같은 방법으로 운동합니다.

참고

• 엎드리는 자세에서 배는 눌려져 있지만 아기는 양수 안에 있으므로 엄마는 힘들지만 아기에게는 크게 무리가 가지 않으니 할 수 있는 만큼 무리하지 않는 정도까지 해봅니다.

• 모든 동작을 다해도 되지만 나누어서 하셔도 됩니다.
  - ❶ > ❷ > ❸ > ❹ > ❺ > ㉒ > ㉓
  - ❶ > ❷ > ❻ > ❼ > ❻ > ㉒ > ㉓
  - ❶ > ❷ > ❻ > ❼ > ❽ > ❾ > ❿ > ⓫ > ㉒ > ㉓
  - ❶ > ❷ > ❸ > ⓬ > ⓭ > ⓮ > ⑳ > ㉑ > ㉒ > ㉓
  - ❶ > ❷ > ❸ > ⓬ > ⓭ > ⓮ > ⓯ > ⑲ > ⑳ > ㉑ > ㉒ > ㉓
  - ❶ > ❷ > ❸ > ⓬ > ⓭ > ⓮ > ⓯ > ⓰ > ⑱ > ⑲ > ⑳ > ㉑ > ㉒ > ㉓

028 척추 늘리기 (5~10회)

> **운동효과** • 척추유연성, 복근, 하체스트레칭, 하체근력, 혈액순환, 하체 • 척추 • 엉덩이스트레칭, 등살 빠짐, 요통 예방

❶ **IN&OUT** 두 발을 뻗고 손 등을 바닥을 향하도록하고 앉습니다.

Q사인
견갑골 내리기
허리 세우기
뒷꿈치 밀기

❷ **IN** 손등을 길게 발쪽으로 밀어주며
OUT 머리→가슴→허리 순서로 내려갑니다.
(**IN&OUT** 5~10초 정도 머무릅니다.)

Q사인
엉덩이 누르기

❸ **OUT** 허리→가슴→머리 순서로 올라옵니다.

참고
• 발뒤꿈치를 밀거나 당기며 합니다.
• 힘들면 무릎을 구부려서 합니다.

029 몸통 틀어 밀어주기

(5~10회)

운동효과 • 척추유연성, 피부탄력, 상·하체스트레칭, 복근, 등살 빠짐, 상·하체근력, 혈액순환

❶ **IN** 두 팔을 어깨 높이만큼 올립니다.

Q사인
허리 세우기
발뒤꿈치 밀기
견갑골 내리기

❷ **IN** 몸통을 세운 상태에서 오른쪽으로
트위스트하고 **OUT** 상체를 기울이며 왼손은
오른발 밖으로 길게 밀어줍니다.

Q사인
시선은 오른손 보기

❸ 반대편도 같은 방법으로 운동합니다.

참고

• 두 발뒤꿈치를 밀거나 당겨줍니다.
• 엉덩이에 쿠션을 살짝 깔고 앉아서 합니다.
• 무릎을 구부려서 합니다.

030 발목 돌리기

(5~10회)

운동효과 • 발목관절강화, 발목관절교정, 혈액순환, 발마사지, 부종예방, 정맥류예방

❶ **IN&OUT** 두 발을 모아서 곧게 뻗어줍니다.

Q사인
허리 세우기
견갑골 내리기

❷ **IN&OUT** 오른발을 왼발 위에 얹고 오른손으로 오른발목을 잡고, 왼손은 오른발 발가락 사이에 끼워 넣습니다.

❸ **IN&OUT** 발목을 크게 바깥쪽과 안쪽으로 천천히 돌려줍니다.

❹ 반대쪽도 같은 방법으로 운동합니다.

참고

• 발가락 사이에 손가락을 끼우지 않고 발을 잡고 돌리면, 좀 더 쉽게 할 수 있습니다.
• 벽에 등을 대고 기대어 하면 쉽습니다.
• 엉덩이 뒤쪽에 쿠션을 깔고 앉아서 합니다.
• 깍지 끼운 손가락과 발가락을 꽉 쥐고 돌리면 자극이 커집니다.

031 발 잡고 당기기

(5~10회)

> **운동효과** • 고관절 이완, 하체 • 팔근력, 복근, 하체(엉덩이 • 등 • 팔)스트레칭, 혈액순환

❶ **IN&OUT** 두 발을 모아서 곧게 뻗어줍니다.

Q사인
허리 세우기
견갑골 내리기

❷ **IN** 오른발을 왼발 위에 얹어
OUT 두 손으로 발등을 깍지 끼워
잡습니다.

❸ **IN** 골반을 굴려 배는 좁아지고 등은 길어지도록 C커브로 만들며
OUT 발을 가슴과 얼굴로 당겨줍니다.
(**IN&OUT** 5~10초 정도 머무릅니다.)

Q사인
팔꿈치 겨드랑이에 붙이기
시선 배꼽 보기
견갑골 내리기

❹ 제자리로 돌아와 반대쪽도 같은
방법으로 운동합니다.

032 발 들어 좌우로 흔들기

운동효과 • 골반 이완, 하체 • 팔근력, 복근, 혈액순환

❶ **IN&OUT** 두 발을 모아서 곧게 뻗어줍니다.

Q사인
**허리 세우기
견갑골 내리기**

❷ **IN** 오른발을 왼발 위에 얹어
OUT 발등을 깍지 끼워 잡습니다.

❸ **OUT** 발을 가슴으로 당겨 올려줍니다.

Q사인
**견갑골 내리기
골반 눕히기
자동차 와이퍼 움직이듯이 흔들기**

❹ **IN&OUT** 좌우로 발을 흔들어줍니다.

❺ 제자리로 돌아와 반대쪽도 같은
방법으로 운동합니다.

033 몸통 트위스트

> **운동효과** • 팔근력, 겨드랑이살 빠짐, 유선촉진, 복부탄력, 척추스트레칭, 하체근력, 혈액순환

❶ **IN&OUT** 두 발을 모아서 곧게 뻗어줍니다.

❷ **IN** 오른발바닥을 왼발무릎 바깥쪽에 놓습니다.

Q사인
허리 세우기
가슴 펼쳐 주기
견갑골 내리기

❸ **OUT** 오른발 무릎을 왼쪽으로 기울이고 시선은 오른손을 봅니다.
(**IN&OUT** 5~10초 정도 머무릅니다.)

Q사인
시선 오른손등 보기
오른쪽 엉덩이 최대한 들기

❹ 제자리로 돌아와 반대쪽도 같은 방법으로 운동합니다.

참고
• 무릎이 바닥에 많이 닿을수록 어려운 운동이 됩니다.
• 손목이 아프면 손가락으로 지지하며 운동합니다.

034 골반 굴려 팔다리 들어 올리기 (5~10회)

> **운동효과** ● 골반유연성, 복근, 허리근력, 팔다리스트레칭, 혈액순환, 팔다리근력, 몸의 밸런스 향상, 관절유연성, 요통예방, 척추유연성

❶ **IN&OUT** 바르게 앉아 무릎을 세우고, 손은 허벅지 뒤를 잡습니다.

Q사인
발바닥 11자 모양 만들기
허리 세우기

❷ **OUT** 골반을 눕혀 등의 모양이 C커브가 되도록 합니다.

Q사인
시선 배꼽 보기

❸ **OUT** 오른발과 왼발을 번갈라가며 올렸다가 내려줍니다.
(**IN&OUT** 5~10초 정도 머무릅니다.)

Q사인
왼발을 무릎 높이만큼 올리기
팔꿈치 어깨 높이만큼 지키기
견갑골 내리기

❹ **OUT** 오른발과 왼발을 동시에 들어 올립니다.
(**IN&OUT** 5~10초 정도 머무릅니다.)

Q사인
오른쪽 허벅지와 같은 각도로 손 길게 뻗기

❺ **OUT** 올렸던 다리를 내리고, 오른손과
왼손을 번갈라가며 올렸다가 내려줍니다.
(**IN&OUT** 5~10초 정도 머무릅니다.)

❻ **OUT** 오른손과 왼손을 올려줍니다.
(**IN&OUT** 5~10초 정도 머무릅니다.)

❼ **OUT** 한발씩 두 발을 올려줍니다.
(**IN&OUT** 5~10초 정도 머무릅니다.)

참고
• 팔을 들어 올리고 무릎을 펴주면 더 어려운 운동이
됩니다.
• 뒤꿈치만 살짝 들어주거나 발을 조금만 들어 올리면
운동이 쉬워집니다.
• 동작을 할 수 있는 것만 나누어 운동해 봅니다.

❽ **OUT** 두 손으로 허벅지를 잡아줍니다.

❾ **OUT** 오른발 내려줍니다.

❿ **OUT** 왼발도 내려줍니다.

⓫ 상체를 일으켜 세웁니다.

참고

- 모든 동작을 다해도 되지만 나누어서 하셔도 됩니다.
  - ❶〉❷〉❸
  - ❶〉❷〉❸〉❷〉❶
  - ❶〉❷〉❸〉❹〉❸〉❷〉❶
  - ❶〉❷〉❺〉❷〉❶
  - ❶〉❷〉❺〉❻〉❷〉❶

035 Z자로 앉아 옆구리 늘리기 I

(5~10회)

> **운동효과** • 복부탄력, 옆구리살·등살 빠짐, 어깨관절유연성, 견통예방, 오십견예방, 골반유연성, 하체스트레칭, 혈액순환

❶ **IN&OUT** 오른발을 옆으로 접고, 왼발을 앞으로 접고 두 팔을 머리 뒤에 깍지 끼워 잡습니다.

Q사인
허리 세우기
팔꿈치 뒤통수로 밀기

❷ **OUT** 오른쪽으로 기울여 줍니다.
(**IN&OUT** 5~10초 정도 머무릅니다.)

Q사인
왼쪽 엉덩이 누르기
시선 정면 보기
몸 앞과 뒤에 유리벽이 있다고 상상하기

❸ 제자리로 돌아와 반대쪽도 같은 방법으로 운동합니다.

036 Z자로 앉아 옆구리 늘리기 Ⅱ (5~10회)

운동효과 • 고관절이완, 혈액순환, 팔다리근력, 골반유연성, 척추유연성, 복부탄력

❶ 오른발은 옆으로, 왼발은 앞으로 접어 앉아
   두 팔을 올립니다.

Q사인
허리 세우기
두 손 어깨 높이만큼 올리기
견갑골 내리기

❷ 왼손으로 바닥을 지지하고 오른손을 길게 늘려 뻗어줍니다.
   (IN&OUT 5~10초 정도 머무릅니다.)

Q사인
오른쪽 엉덩이 바닥에 누르기
시선 정면 보기
몸 앞과 뒤에 유리벽이 있다고 상상하기

❸ 반대쪽도 같은 방법으로 운동합니다.

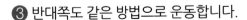

037 Z자로 앉아 엉덩이 들고 내리기 (5~10회)

운동효과 • 고관절이완, 혈액순환, 하체근력, 골반유연성, 하체스트레칭, 하체관절교정, 골반교정

❶ 오른발을 옆으로 접고 왼발은 앞으로 접어주고,
왼손은 엉덩이 뒤에 오른손은 오른발 고관절
부위에 얹습니다.

Q사인
네 손가락은 앞으로 엄지손가락은 뒤로 향하기

❷ 오른쪽 엉덩이를 들어 올렸다가 내려줍니다.

Q사인
어깨 높이 같도록 하기
허리 세우기
오른손이 오른쪽 고관절을 병을 따거나 닫기 하는 것처럼 도와주기
좌우로 움직임은 최소한으로 위아래로 움직임은 최대한으로 운동하기

❸ 반대쪽도 같은 방법으로 운동합니다.

Lesson 04

누워서 하는 임산부 필라테스

태담하기 (아기 태명 넣기)

(♡♡)아 엄마와 아빠는 너를 너무 많이 사랑해

우리는 너를 만나게 되는 날을 간절히 바라고 있어

엄마 아빠는 (♡♡)이가 몸이 건강한 것을 감사해

엄마 아빠는 (♡♡)이가 정신이 건강한 것을 감사해

엄마 아빠는 (♡♡)이가 영적으로 건강한 것을 감사해

엄마 아빠는 (♡♡)이가 지혜로운 사람인 것에 감사해

엄마 아빠는 (♡♡)이가 사랑과 자비와 감사를 아는 영혼인 것에 감사해

엄마 아빠는 (♡♡)이가 세상의 빛과 소금이 될 것을 알기에 감사해

엄마 아빠는 (♡♡)이가 엄마아빠를 사랑할 것을 알아서 감사해

엄마 아빠는 우리 (♡♡)를(을) 너무 많이 사랑해

038 팔 펴기 접기

(5~10회)

운동효과 • 혈액순환, 오십견예방, 유선촉진, 등 • 팔 • 겨드랑이살 빠짐, 어깨관절유연성, 팔근력, 복근

❶ **IN&OUT** 바르게 눕습니다.

❷ **IN** 두 팔을 하늘을 향해 뻗어줍니다.

Q사인
손바닥이 서로 마주보기
손바닥은 어깨넓이로 벌리기
견갑골 내리기

Q사인
두 팔은 바닥에서 1Cm 정도 띄우기
손등 바닥 향하기
두 팔을 양옆으로 당겨준다고 상상하기

❸ **OUT** 두 팔을 양옆으로 펼칩니다.

참고
• 두 팔을 띄운 상태로 만세를 시도합니다.
• 두 팔을 띄운 상태로 바닥에 팔로 원을 그려주는 것도 좋은 운동이 됩니다.

039 상체올리기 I　　　　(5~10회)

> **운동효과** ● 복근, 등 · 팔 · 겨드랑이살 빠짐, 견통예방, 혈액순환

❶ **IN&OUT** 두 팔을 머리 뒤에 깍지
끼워 잡습니다.

❷ **OUT** 상체를 들어 올립니다.(**IN&OUT** 5~10초 정도 머무릅니다.)

Q사인
시선 무릎 사이 보기
팔꿈치는 바닥으로 밀어주기
목에 주름이 없도록 하기

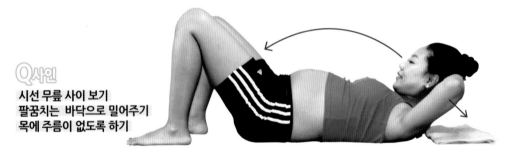

❸ **IN** 상체를 내려 놓습니다.

❹ 반대쪽도 같은 방법으로 운동합니다.

040 상체올리기 Ⅱ

(5~10회)

> **운동효과** • 복근, 등 • 팔 • 겨드랑이살 빠짐, 견통예방, 혈액순환

❶ **IN&OUT** 두 팔을 머리 뒤에 깍지
끼워 잡습니다.

❷ **OUT** 오른쪽 팔꿈치를 왼쪽 무릎 쪽으로 향하도록 올려줍니다.
(**IN&OUT** 5~10초 정도 머무릅니다.)

Q사인
팔꿈치는 바닥으로 밀어주기
목에 주름이 없도록 하기

❸ **OUT** 다시 상체를 바닥에 내려 놓습니다.

④ 반대쪽도 같은 방법으로 운동합니다.

참고
• 할 수 있다면, 두 다리를 들어서 무릎밴드 상태에서 운동합니다.
• 할 수 있다면, 발을 들어서 세워둔 상태에서 운동합니다.

041 누워 발뒤꿈치 들고 내리기 (5~10회)

운동효과 • 발목관절강화, 발부종완화, 하체근력, 혈액순환, 복근, 발목관절교정

❶ **IN&OUT** 바르게 눕습니다.

❷ **OUT** 발가락 쪽 발바닥을 들어 올립니다.
(**IN&OUT** 5~10초 정도 머무릅니다.)

Q사인
몸 긴장감 빼기

❸ **IN** 내려줍니다.

❹ **OUT** 발뒤꿈치를 들어 올립니다.
　　(**IN**&**OUT** 5~10초 정도 머무릅니다.)

❺ **IN** 내려줍니다.

참고	• 시간을 길거나 짧게 시도합니다.
	• 어렵게 하려면 상체를 들어 올려 운동합니다.
	• 무릎을 펴고 운동합니다.(허리가 안아프다면)

042 무릎 조이기 (5~10회)

> **운동효과** ● 허벅지 안쪽 근력, 질 이완수축, 요실금예방, 치질예방, 복근, 하체근력

❶ **IN&OUT** 무릎 사이에 쿠션 끼우고 바르게 눕습니다.

Q사인
시선 정면 보기
발바닥 11자 모양 만들기
엉덩이와 발뒤꿈치의 거리는 발 사이즈 거리정도 띄우기
두 발을 엉덩이 넓이만큼 벌리기

❷ 두 무릎을 조여 줍니다.(**IN&OUT** 5~10초 정도 머무릅니다.)

❸ 조였던 두 무릎을 서서히 풀어 줍니다.

참고
● 뒤꿈치를 들고 동작합니다.
● 발가락쪽 발바닥을 들고 운동합니다.
● 상체를 들어 올려주고 운동합니다.

043 몸통 비틀기

(5~10회)

운동효과 • 척추유연성, 복근, 전신스트레칭, 관절유연성, 피부탄력, 혈액순환, 요통예방, 유선촉진, 등살빠짐

❶ **IN&OUT** 바르게 눕습니다.

❷ **IN** 두 팔을 양옆으로 벌리고 **OUT** 오른 발목을 왼쪽 발 허벅지에 올립니다.

❸ **OUT** 오른 무릎을 오른쪽 바닥으로 내립니다.
  (**IN&OUT** 5~10초 정도 머무릅니다.)

Q사인
시선은 오른손 끝 보기
오른발 바닥에 내리기
긴장 빼기

Q사인
오른쪽 어깨 바닥에 내리기

❹ **IN** 왼손을 오른발 무릎 위에 얹어 **OUT**
무릎을 더 바닥향해 내려 눌러줍니다.
(**IN&OUT** 5~10초 정도 머무릅니다.)

❺ **OUT** 제자리로 돌아와 반대쪽도 같은 방법으로 운동합니다.

044 발 들었다가 내리기 (5~10회)

> **운동효과** • 고관절 이완, 하체근력, 복근, 혈액순환, 부종예방, 하체유연성

❶ **IN&OUT** 바르게 눕습니다.

❷ **OUT** 오른 발을 들어 올립니다.(**IN&OUT** 5~10초 정도 머무릅니다.)

Q사인
시선 정면 보기
몸 긴장감 빼기
배의 힘으로 운동하기

❸ 오른 발을 내려줍니다.

❹ 반대쪽도 같은 방법으로 운동합니다.

참고
• 두 발을 같이 올리고 내리면 많이 어려워집니다.
• 들어올렸던 발을 바닥에 내리지 않고 올리고 내리기를 5~10회 반복하면 좀 더 어려워집니다.
• 상체를 올려준 상태로 운동하면 어려워집니다.

045 누워 엉덩이 들어올리고 내리기 I (5~10회)

운동효과 • 하체근력, 엉덩이힙업, 질수축이완, 요실금예방, 치질예방, 복근, 혈액순환, 정맥류예방

❶ **IN&OUT** 바르게 눕습니다.

Q사인

시선은 정면 보기
턱들어 목주름 없애기
손끝을 발뒤꿈치쪽으로 밀기

❷ **OUT** 엉덩이를 들어 올려줍니다.(**IN&OUT** 5~10초 정도 머무릅니다.)

Q사인

무릎과 어깨가 사선이 되는 곳까지 엉덩이 올리기
골반 바로 세우기
무릎 밀기
두 무릎공간이 주먹이 들어가는 공간 지키기

❸ **OUT** 엉덩이를 내려줍니다.

046 누워 엉덩이 들어올리고 내리기 Ⅱ (5~10회)

운동효과 • 발목강화, 혈액순환, 부종예방, 정맥류예방, 엉덩이힙업, 하체근력, 치질예방, 요실금예방, 질수축이완, 복근

❶ **IN&OUT** 바르게 눕습니다.

❷ **OUT** 엉덩이를 들어 올려줍니다.

Q사인

무릎과 어깨가 사선이 되는 곳까지 엉덩이 올리기
골반 바로 세우기
턱을 들어 목주름 없애기
손끝을 길게 발쪽으로 내려 늘리기
시선 정면 보기
무릎 밀기
두 무릎공간이 주먹이 들어가는 공간 지키기

❸ **IN&OUT** 두 손으로 엉덩이를 받쳐주고 **OUT** 발뒤꿈치를 들어줍니다.

❹ **OUT** 뒤꿈치를 내려줍니다.

❺ **OUT** 발가락쪽 발바닥을 들어올려줍니다.

Q사인
골반 바로 세우기

❻ **OUT** 발가락쪽 발가락쪽을 내려줍니다.

❼ **IN & OUT** 두 손을 바닥에 내리고 **OUT** 엉덩이를 내려줍니다.

참고
• 모든 동작을 다해도 되지만 나누어서 하셔도 됩니다.
- ❶ › ❷ › ❸ › ❹ › ❼
- ❶ › ❷ › ❺ › ❻ › ❼

047 누워 엉덩이 들고 발 들기 (5~10회)

운동효과 • 고관절이완, 엉덩이힙업, 하체근력, 질수축이완, 하체유연성, 혈액순환, 요실금예방, 치질예방, 복근, 부종예방, 정맥류 예방

❶ IN&OUT 바르게 눕습니다.

❷ OUT 엉덩이를 들어 올려줍니다.

Q사인

무릎과 어깨가 사선이 되는 곳까지 엉덩이 올리기
골반 바로 세우기
턱을 들어 목주름 없애기
손끝을 길게 발쪽으로 내려 늘리기
시선 정면 보기
무릎 밀기
두 무릎공간이 주먹이 들어가는 공간 지키기

❸ **IN** 두 손으로 엉덩이를 받쳐주고 **OUT** 오른발을 들었다가 내려줍니다.

Q사인
엉덩이 떨구지 말기
골반 바로 세우기

❹ **IN** 두 손을 바닥에 먼저 내리고 **OUT** 엉덩이를 내려줍니다.

❺ 반대쪽도 같은 방법으로 운동합니다.

048 누워 엉덩이 들고 발 뻗기 (5~10회)

> **운동효과** ● 무릎관절생성, 하체스트레칭, 혈액순환, 복근, 엉덩이힙업, 하체근력, 질수축이완, 요실금예방, 치질예방, 정맥류예방, 부종예방

❶ **IN&OUT** 바르게 눕습니다.

❷ **OUT** 엉덩이를 들어 올려줍니다.

Q사인
무릎과 어깨가 사선이 되는 곳까지 엉덩이 올리기
골반 바로 세우기
턱을 들어 목주름 없애기
손끝을 길게 발쪽으로 내려 늘리기
시선 정면 보기
무릎 밀기
두 무릎공간이 주먹이 들어가는 공간 지키기

❸ IN 두 손으로 엉덩이를 받쳐주고 OUT 오른발을
 길게 뻗어 IN 발끝은 세우고 OUT 발뒤꿈지를
 밀어줍니다.

❹ OUT 발을 접어 내려줍니다.

❺ IN 손을 바닥에 내리고 OUT 엉덩이를 내려줍니다.

❻ 반대 쪽도 같은 방법으로 운동합니다.

참고
• 한발씩 운동합니다.
• 운동이 익숙해지면 엉덩이를 올린 상태로 두 발을 다 운동합니다.

049 팔 흔들기

(5~10회)

> **운동효과** • 복근, 척추스트레칭, 하체강화, 어깨관절유연성, 어깨정렬, 팔·옆구리살빠짐, 전신탄력, 혈액순환

❶ 무릎 사이에 쿠션 끼우고 바르게 눕습니다.

Q사인
시선 정면 보기
발바닥 11자 모양 만들기
엉덩이와 발뒤꿈치의 거리는 발 사이즈 거리정도 띄우기
두 발을 엉덩이 넓이만큼 벌리기

Q사인
가슴까지 올라오기
골반 세우기
배꼽등바닥에 누르기, 시선 무릎사이 보기

❷ **OUT** 두 팔을 살짝 들고 상체를 들어 올립니다.

참고
• 쿠션을 무릎 사이에 끼우는 것은 무릎이 붙거나 벌어지지 못하도록 도와주기 때문입니다.

❸ **IN&OUT** 팔을 위아래로 흔들어줍니다.
(10~20회)

Q사인
견갑골 내리기
옆구리에 팔 붙여주고 흔들기

참고
• 힘들다면 상체를 올리지 않고, 무릎을 주이면서 팔만 흔들어줍니다.
• 쉽다면, 다리까지 들어올려서 운동합니다.

050 한 발씩 당겨주기

(5~10회)

> **운동효과** • 상 • 하체스트레칭, 혈액순환, 팔 • 다리근력, 복근, 전신탄력, 상 • 하체강화

❶ **IN&OUT** 바르게 눕습니다.

❷ **OUT** 오른발을 들어 올리고 **IN** 두 손으로 올린 오른발을 잡아줍니다.

Q사인
시선은 무릎이나 허벅지 보기
발뒤꿈치 밀기
어깨 견갑골 내리기
배꼽등바닥에 누르기

❸ **OUT** 상체를 일으켜주며 오른발을 가슴으로 당겨줍니다.
(**IN&OUT** 5~10초 정도 머무릅니다.)

❹ **OUT** 상체를 내려줍니다.

❺ **OUT** 손을 내리고 **IN** 오른발을 접어 **OUT** 내려줍니다.

❻ 반대쪽도 같은 방법으로 운동합니다.

참고
• 힘들게 하려면, 바닥에 있는 발을 쭉 펴줍니다.
• 쉽게 하려면, 당겨 올리는 다리의 무릎을 좀 구부립니다.

051 발 당기기

운동효과 • 복근, 질이완수축, 어깨정렬, 요통예방, 척추 • 허벅지스트레칭, 등 • 팔 • 겨드랑이살 빠짐, 골반이완, 상 • 하체근력, 혈액순환, 피부탄력

❶ IN&OUT 누워 두 발을 들고
IN 손으로 무릎을 잡고
OUT 무릎을 가슴양옆으로
벌려줍니다.

Q사인
무릎 벌려주기
견갑골 내리기
팔꿈치 옆구리에 붙이기

❷ OUT 상체와 하체를 동그랗게 말아 올립니다.(IN&OUT 5~10초 정도 머무릅니다.)

❸ IN&OUT 상 • 하체를 바닥에 내려줍니다.

참고 • 무릎을 벌려서 발바닥이 마주 닿게 하고 양쪽 손을 깍지 끼워 발가락 앞부분을 잡아서 동그랗게 상체를 날숨에 들어 올립니다. 좀 더 어려워지고 동작이 커지게 됩니다.

052 몸통 말기 I

운동효과 • 골반 이완, 상·하체근력, 복근, 질이완수축, 혈액순환, 등·팔·겨드랑이살빠짐, 요통예방, 전신탄력

❶ **IN&OUT** 누운 상태로 두 발바닥을 만나게 하고 손은 깍지 끼워 팔베개를 합니다.

❷ **OUT** 몸을 말듯이 올려줍니다.(**IN&OUT** 5~10초 정도 머무릅니다.)

Q사인
배꼽등바닥에 누르기
엉덩이 하늘 보기

Q사인
시선 엉덩이 보기
팔꿈치 바닥을 향해 밀기

❸ 상·하체를 바닥에 내려줍니다.

참고
• 상체만 올려줍니다.
• 발만 올려줍니다.

053 몸통 말기 Ⅱ

(5~10회)

> **운동효과** ● 복근, 상·하체근력, 혈액순환, 골반이완, 질이완수축, 요통예방, 등·팔·겨드랑이·하체살빠짐, 전신탄력

❶ **IN&OUT** 바르게 눕습니다.

❷ **IN&OUT** 발바닥을 서로 만나게 하고 두 손을 깍지 끼워 잡아줍니다.

❸ **OUT** 상체를 들어 올려 몸통을 동그랗게 만들어줍니다.
   (**IN&OUT** 5~10초 정도 머무릅니다.)

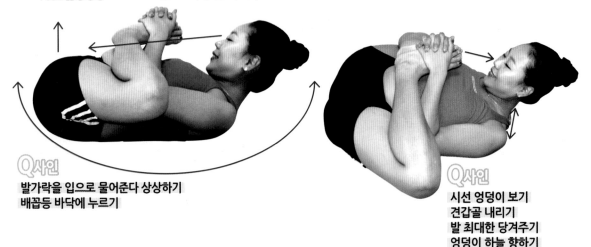

Q사인
발가락을 입으로 물어준다 상상하기
배꼽등 바닥에 누르기

Q사인
시선 엉덩이 보기
견갑골 내리기
발 최대한 당겨주기
엉덩이 하늘 향하기

❹ **OUT** 상·하체를 내려줍니다.

참고
● 상체를 올리지 않고 발만 당겨 올려줍니다.
● 발을 잡은 상태로 좌우로 흔들어주면 신장 마사지 효과로 부종예방, 요통예방, 등살 빠짐의 효과가 있습니다.
● 상·하체를 올려 좌우로 흔들기까지 하면 어렵습니다.

054 발 벌려 상체 올리기

(5~10회)

> **운동효과** • 복근, 팔스트레칭, 골반이완, 하체스트레칭, 허리근력, 질이완수축, 피부관련, 상·하체근력, 혈액순환, 요통예방, 등·팔·옆구리살빠짐, 고관절유연성

❶ **IN&OUT** 바르게 눕습니다.

❷ **OUT** 오른발과 왼발을 들어 올리고 **OUT** 무릎펴서 하늘을 향해 뻗어줍니다.

❸ **IN** 두 발을 양옆으로 벌리고 **OUT** 뒤꿈치를 밀어줍니다.

❹ **IN** 두 팔을 만세하고 **OUT** 상체를 들어 올려 두 팔을 골반 사이로 뻗어줍니다.(**IN&OUT** 5~10초 정도 머무릅니다.)

Q사인
견갑골 조여주기
시선 엉덩이 너머 보기
견갑골 내리기

❺ **IN** 상체를 내리고 **OUT** 두 팔을 만세하고 **IN&OUT** 무릎을 접고 쉽니다.

참고
• 힘들게 하려면, 엉덩이와 상체를 더 올려줍니다.
• 쉽게 하려면, 두 손으로 허벅지를 잡고 올라와 있거나, 무릎을 구부려주거나, 발의 힘을 풀거나, 상체를 올리지 않거나, 하체를 올리지 않은 채로 운동합니다.

055 발 당겨 올리기 (5~10회)

> **운동효과** • 척추유연성, 복근, 허벅지스트레칭, 상·하체근력, 고관절이완, 등·팔·겨드랑이살 빠짐, 혈액순환, 고관절유연성

❶ **IN&OUT** 바르게 눕습니다.

❷ **IN** 오른 발목을 왼쪽 허벅지에 올립니다.

❸ **OUT** 왼발을 90° 올립니다.

❹ **IN&OUT** 오른손은 오른발 무릎을, 왼손은 오른발 발목을 잡습니다.

❺ **OUT** 상체를 올리고 왼발을 가슴 쪽으로 당겨 올립니다.
(**IN&OUT** 5~10초 정도 머무릅니다.)

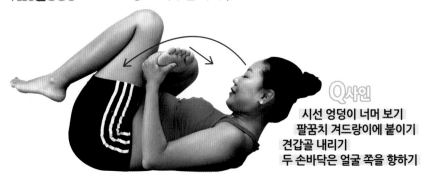

Q사인
시선 엉덩이 너머 보기
팔꿈치 겨드랑이에 붙이기
견갑골 내리기
두 손바닥은 얼굴 쪽을 향하기

❻ **OUT** 상체를 내려주고 손도 풀어서 내립니다.

❼ 반대쪽도 같은 방법으로 운동합니다.

참고 • 상체를 올리지 말고 발만 당겨서 운동합니다.

056 팔다리 교차하기

(5~10회)

운동효과 • 관절유연성, 복근, 상 • 하체근력, 요통예방, 등 • 팔 • 옆구리살빠짐, 혈액순환

❶ **IN&OUT** 바르게 눕습니다.

❷ **OUT** 상체와 손, 발을 하늘을 향해 올려줍니다.

❸ **IN&OUT** 손과 발을 걷듯이 앞뒤로 움직여줍니다.

Q사인
팔과 발 교차하기
시선은 무릎사이 보기
견갑골 내리기
배꼽등 바닥에 내리기

❹ **OUT** 상체를 내려줍니다.

❺ **OUT** 손과 발을 내려줍니다.

참고
• 상체를 올리지 않고 운동합니다.
• 팔만 올리지 않고 운동합니다.
• 발만 올리지 않고 운동합니다.

057 하늘 찌르기 (5~10회)

운동효과 • 혈액순환, 상·하체근력, 스트레칭, 복근, 피부탄력, 요통예방

❶ **IN&OUT** 바르게 눕습니다.

❷ **OUT** 상·하체를 올려줍니다.
　(**IN&OUT** 5~10초 정도 머무릅니다.)

Q사인
시선 무릎 보기
배꼽등은 바닥에 내리기
견갑골 내리기

❸ **IN** 두 손을 내리고 **OUT** 발은 하나씩 내려줍니다.

참고
- 무릎은 접고 상체만 뻗어 올려줍니다.
- 팔과 상체만 올려줍니다.
- 상체는 올리지 말고 손과 발만 올려줍니다.
- 상체와 손을 내린 상태로 발만 뻗어 올려줍니다.
- 발을 좀더 가슴쪽으로 당겨주면 어려워집니다.

058 손발 털기

> **운동효과** • 혈액순환, 부종 • 손발저림 • 쥐남예방, 손발 관절 통증예방

❶ **IN&OUT** 바르게 눕습니다.

❷ **IN&OUT** 손과 발을 하늘을 향해 들어 올려
털어줍니다.
(무리가 가지 않는다면, 계속 하셔도 됩니다.)

❸ **IN** 두 손을 바닥에 내려줍니다.

❹ **OUT** 발을 하나씩 내려줍니다.

> **참고**
> • 손발에 붓기를 빼는데 도움이 되는 운동입니다.
> • 아침 일어나기 전에 누워 손발털기 운동을 한 후 일어나면 좋습니다.

Lesson 05
서서 하는 임산부 필라테스

자연분만은 왜 좋은가?

1. 경제적입니다.
2. 온 가족이 함께 분만에 참여할 수 있습니다.
3. 회복속도가 제왕절개보다 빠릅니다.
4. 아기와 유대감이 좋아집니다.
5. 피부자극으로 아기의 두뇌발달에 좋습니다.
6. 아기의 폐호흡을 쉽게 해줍니다.
7. 아기의 평생건강을 보장해줍니다.
8. 아기의 피부톤이 건강하고 아토피에 걸릴 확률이 적습니다.
9. 근육이 손상이 적습니다.
10. 흉터가 크게 남지 않습니다.

059 팔 뻗기

(5~10회)

운동효과 • 등 • 팔살 빠짐, 어깨관절유연성, 혈액순환, 유선촉진, 견통예방, 오십견예방

❶ **IN & OUT** 바른 자세로 섭니다.

Q사인
시선 정면 보기
11자 발모양 하기
엉덩이보다 넓게 발 벌리기
골반 바로 세우기

❷ **OUT** 오른손을 올리고 3~5초 **OUT** 내립니다.

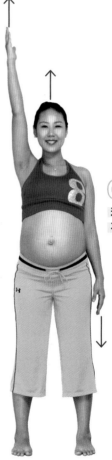

Q사인
키가 커진다 상상하기
견갑골 내리기

❸ **OUT** 왼손을 올리고 3~5초 **OUT** 내립니다.

060 팔 돌리기

(5~10회)

운동효과 • 어깨관절유연성, 팔 • 등 • 겨드랑이살 빠짐, 혈액순환, 견통예방, 오십견예방

❶ **IN&OUT** 벽에 기대어 섭니다.

Q사인
시선 정면 보기
키가 커진다고 상상하기
11자 발모양 하기
엉덩이 넓이만큼 발 벌려서기
골반 바로 세우기

❷ **IN&OUT** 두 팔을 앞으로
올립니다.

Q사인
어깨 높이만큼 팔 들기
견갑골 내리기

❸ IN&OUT 두 팔을 하늘로 뻗어줍니나.

❹ IN&OUT 두 팔을 벽으로 붙여 내립니다.

❺ IN&OUT 두 팔을 바닥을 향해 내립니다.

❻ IN&OUT 두 팔을 벽으로 붙여 어깨까지 올립니다.

❼ IN&OUT 두 팔을 하늘로 뻗어줍니다.

❽ IN&OUT 두 팔을 앞으로 나란히 올립니다.

❾ IN&OUT 두 팔을 바닥을 향해 내립니다.

❿ IN&OUT 반대방향으로 돌려줍니다.

참고
• 원을 크게 그리면 운동이 어렵고, 원을 작게 그리면 쉽습니다.
• 힘들면 벽에서 손이 떨어져도 되고 할 수 있는 만큼 하세요.

061 팔 늘리기 (5~10회)

> **운동효과** • 전신탄력, 전신스트레칭, 혈액순환, 어깨관절유연성, 유선촉진, 팔살 • 옆구리살 빠짐, 복근, 견통예방, 오십견예방

❶ **IN&OUT** 바른 자세로 섭니다.

Q사인
시선 정면 보기
11자 발모양 하기
엉덩이보다 넓게 발 벌리기
골반 바로 세우기

❸ **OUT** 왼손을 아래로 오른손은 하늘을 향해 길게 올리고 내려줍니다.

Q사인
시선 왼손 끝 보기

❷ **OUT** 두 팔을 위로 길게 뻗습니다.

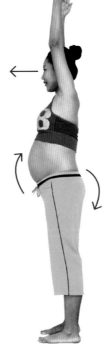

❹ **OUT** 오른손을 아래로 왼손을 하늘을 향해 길게 올리고 내려줍니다.

❺ **OUT** 두 손을 내려 바르게 섭니다.

062 서서 트위스트

(5~10회)

운동효과 ● 유선촉진, 견통예방, 등살 빠짐, 피부탄력, 혈액순환

❶ **IN&OUT** 바른 자세로 섭니다.

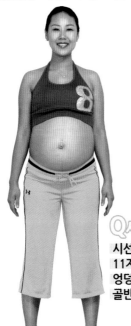

Q사인
시선 정면 보기
11자 발모양 하기
엉덩이보다 넓게 발 벌리기
골반 바로 세우기

❷ **IN** 허리에 손을 얹고 **OUT** 왼쪽으로
몸통을 트위스트 합니다.
(**IN&OUT** 5~10초 정도 머무릅니다.)

Q사인
시선은 멀리 보기
견갑골 내리기

❸ **OUT** 제자리로 돌아옵니다.

❹ 반대쪽도 같은 방법으로 운동합니다.

063 벽에 기대어 무릎 굽히기

(5~10회)

> **운동효과** • 하체근력, 밸런스, 복근, 하체관절 강화, 혈액순환

❶ **IN&OUT** 벽에 기대어
바르게 섭니다.

Q사인
시선 정면 보기

❷ **IN&OUT** 두 손을
앞으로 뻗습니다.

Q사인
어깨 높이만큼 팔 들기
어깨 넓이만큼 팔 벌리기

❸ **OUT** 투명의자에 앉듯이 무릎을 살짝
구부립니다.
(**IN&OUT** 5~10초 정도 머무릅니다.)

Q사인
발가락 앞으로 무릎이 나가지 않게 하기
발바닥이 미끄러지지 않게 하기

❹ **OUT** 무릎을 펴서 올라옵니다.

참고
• 벽에서 발뒤꿈치가 멀어진 상태로 운동하면 어렵습니다.
• 무릎을 많이 구부리면 운동이 어렵습니다.
• 무릎을 조금 구부리면 운동이 쉽습니다.

064 다리 스트레칭

(5~10회)

운동효과 • 힙업운동, 하체스트레칭, 근력, 혈액순환, 관절강화

❶ **IN&OUT** 왼발을 앞으로 뻗고 두 손은 무릎 위에 얹어줍니다.

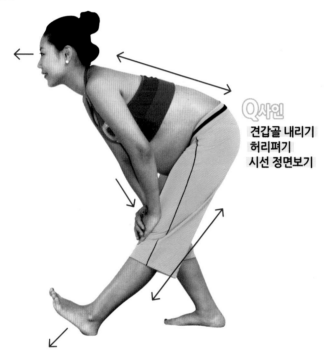

Q사인
견갑골 내리기
허리펴기
시선 정면보기

❷ **IN** 오른발 무릎을 구부려주고 **OUT** 왼발뒤꿈치는 밀어줍니다.
(**IN&OUT** 5~10초 정도 머무릅니다.)

❸ **OUT** 상체를 일으킵니다.

❹ 반대쪽도 같은 방법으로 운동합니다.

065 다리 근력 키우기 I

(5~10회)

> **운동효과** • 하체근력, 하체스트레칭, 혈액순환, 복근, 허리근력, 관절강화

❶ **IN&OUT** 허리 위에 손을 얹고 바르게 섭니다.

❷ **IN** 왼발을 한 발자국 앞으로 내밉니다.

❸ 두 무릎을 구부립니다.
　　(**IN&OUT** 5~10초 정도 머무릅니다.) ←

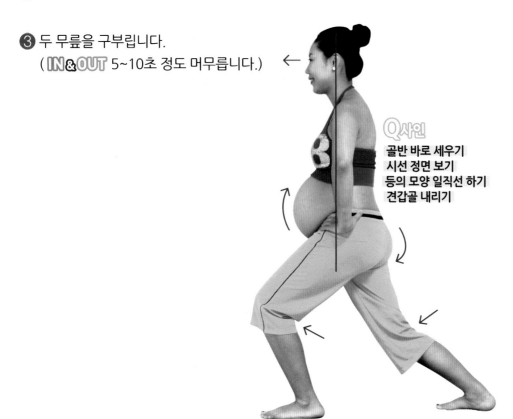

Q사인
골반 바로 세우기
시선 정면 보기
등의 모양 일직선 하기
견갑골 내리기

❹ 무릎을 펴 줍니다.

❺ 반대쪽도 같은 방법으로 운동합니다.

066 다리 근력 키우기 Ⅱ

(5~10회)

운동효과 • 하체근력, 복근, 질 • 항문 • 요도 탄력, 혈액순환

❶ 벽을 향해 바르게 섭니다.

❷ 오른발을 앞으로 뻗습니다.

❸ 두 손은 벽에 지지합니다.

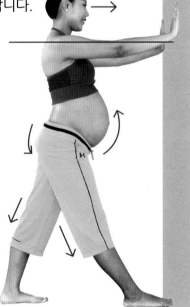

Q사인
골반 바로 세우기
시선 정면 보기
견갑골 내리기

❹ 두 무릎을 약간 기울여 줍니다.
(**IN&OUT** 5~10초 정도 머무릅니다.)

❺ 무릎을 폅니다.

❻ 제자리로 돌아와 반대쪽도 같은 방법으로 운동합니다.

참고
• 손을 지지하지 않으면 운동이 어려워집니다.
• 무릎을 구부릴수록 운동이 어려워집니다.
• 두 발의 폭이 더 넓어지면 운동이 더 어려워집니다.
• 오른발을 구부리고 왼발 무릎을 펴주고 발뒤꿈치를 바닥에 내려주면 어려워집니다.

067 발뒤꿈치 들기&내리기 (5~10회)

운동효과 ● 하체근력, 혈액순환, 하체스트레칭, 복근, 허리근력, 관절강화, 부종예방, 질 · 항문 · 요도 탄력

❶ **IN&OUT** 벽에 손을 대고 바르게 섭니다.

Q사인
엉덩이 넓이만큼 벌리기
바깥쪽 일직선 만들기

❷ **OUT** 뒤꿈치를 들어 올립니다.
(**IN&OUT** 5~10초 정도 머무릅니다.)

Q사인
시선 정면 보기
턱은 바닥과 평행하기
견갑골 내리기
발목꺽지 말기

❹ **IN&OUT** 뒤꿈치를 붙여주고
'V'자의 발모양을 만듭니다.

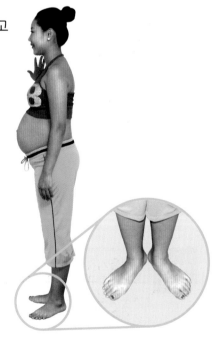

❸ **OUT** 뒤꿈치를 내려줍니다.

❺ **OUT** 뒤꿈치를 들어 올립니다.
(**IN&OUT** 5~10초 정도 머무릅니다.)

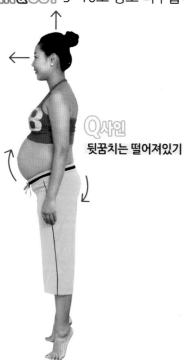

Q사인
뒷꿈치는 떨어져있기

❻ **OUT** 뒤꿈치를 붙여주며 내립니다.

❼ **IN&OUT** 두 발을 붙여줍니다.

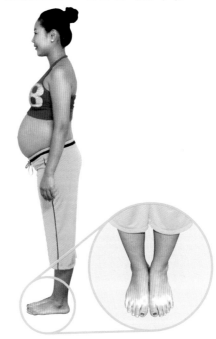

❽ **OUT** 뒤꿈치를 들어 올립니다.
(**IN&OUT** 5~10초 정도 머무릅니다.)

Q사인
허벅지 · 무릎 · 종아리 · 발뒤꿈치 붙이기

❾ **OUT** 뒤꿈치를 내립니다.

068 골반 돌리기 (5~10회)

운동효과 ● 골반교정효과, 복부탄력, 전신스트레칭, 하체근력, 전신유연성, 관절교정효과, 혈액순환

❶ IN&OUT 바른 자세로 섭니다.

Q사인
시선 정면 보기
11자 발모양 하기
엉덩이보다 넓게 발 벌리기
골반 바로 세우기

❷ IN&OUT 허리 뒤에 손을 대주고 배를 앞으로 쭉 내밉니다.

Q사인
발바닥 11자 모양 지키며 골반 돌리기

❸ **IN&OUT** 오른쪽으로 엉덩이를 밀어줍니다.

❹ **IN&OUT** 엉덩이를 뒤로 빼줍니다.

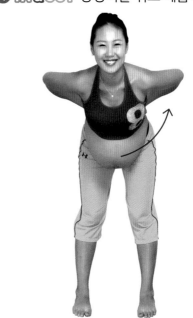

❺ **IN&OUT** 엉덩이를 왼쪽으로 밀어줍니다.

❻ 배를 앞으로 쭉 내밀어줍니다.

❼ 반대쪽도 같은 방법으로 운동합니다.

참고
• 훌라후프 돌리듯 돌리되 크게 돌리면 운동이 어려워집니다.
• 원을 작게 그리면 운동이 쉽습니다.

069 팔 들어 당기기

(5~10회)

운동효과 • 복근, 하체근력, 혈액순환, 몸의 유연성 • 탄력성, 관절교정효과, 어깨견통예방, 오십견예방

❶ **IN&OUT** 바른 자세로 섭니다.

Q사인
시선 정면 보기
11자 발모양 하기
엉덩이보다 넓게 발 벌리기

❷ **IN** 두 팔을 뻗어 올려 오른손목을
왼손으로 잡아줍니다.

Q사인
견갑골 내리기
골반 바로 세우기

❸ **OUT** 엉덩이를 오른쪽으로 밀고
상체를 왼쪽으로 기울여 **OUT**
오른손목을 조금 더 당겨 줍니다.

❹ **OUT** 제자리로 돌아옵니다.

❺ 반대쪽도 같은 방법으로 운동합니다.

참고
• 두 손을 깍지 끼워 운동할 수 있습니다.
• 앉아서 똑같이 운동할 수 있습니다.

070 전신 늘리기

(5~10회)

운동효과 • 복근, 하체근력, 혈액순환, 몸의 유연성 • 탄력성, 관절교정, 어깨견통예방, 오십견예방

❶ **IN&OUT** 바른 자세로 섭니다.

Q사인
시선 정면 보기
11자 발모양 하기
엉덩이보다 넓게 발 벌리기
골반 바로 세우기
견갑골 내리기

❷ **IN** 팔을 'X'자 모양으로 교차시켜
OUT 두 손바닥을 밀어줍니다.
(**IN&OUT** 5~10초 정도 머무릅니다.)

Q사인
팔이 머리 뒤통수에 자리하기

❸ **IN&OUT** 엉덩이를 오른쪽으로,
팔은 왼쪽으로 최대한 기울입니다.

❹ **OUT** 바른 자세로 섭니다.

❺ **IN&OUT** 두 팔을 풀어 내려줍니다.

❻ 반대쪽도 같은 방법으로 운동합니다.

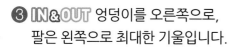

참고　• 앉아서 똑같이 운동할 수 있습니다.

071 전신 트위스트 (5~10회)

> **운동효과** • 전신탄력, 척추유연성, 척추강화, 어깨관절유연성, 등살 • 팔살 빠짐, 하체근력, 혈액순환,
> 하체스트레칭

❶ **IN&OUT** 바른 자세로 섭니다.

Q사인
시선 정면 보기
11자 발모양 하기
엉덩이보다 넓게 발 벌리기
골반 바로 세우기

❷ **IN** 두 팔을 올려줍니다.

Q사인
어깨 높이만큼 팔 들기
견갑골 내리기

❸ OUT 상체를 앞으로 숙여줍니다.

Q사인
허리 세워 내리기
시선 정면 보기
엉덩이 뒤로 빼기

❹ OUT 왼손으로 오른발을 잡아주고, 편안한
호흡, 오른손은 하늘을 향해 뻗어줍니다.
(IN&OUT 5~10초 정도 머무릅니다.)

Q사인
시선 오른손 끝 보기
무릎 펴기

❺ OUT 두 손으로 오른발목을 잡고,
시선은 오른발 뒤꿈치를 봅니다.
(IN&OUT 5~10초 정도 머무릅니다.)

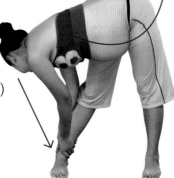

❻ OUT 상체를 앞으로 돌아오게 합니다.

❼ OUT 허리→가슴→얼굴의 순서로 올라옵니다.

❽ 반대쪽도 같은 방법으로 운동합니다.

참고 • 무릎을 구부리면 운동이 쉽습니다.

072 척추 늘리기

(5~10회)

운동효과 • 척추분절, 유연성강화, 척추스트레칭, 등근육이완수축강화, 복근, 혈액순환, 등살빠짐

❶ **IN&OUT** 바른 자세로 섭니다.

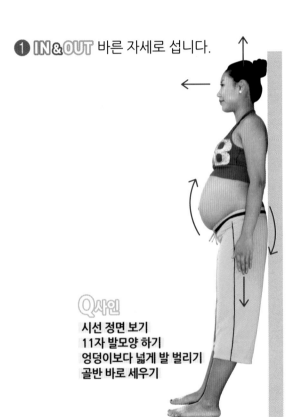

Q사인

시선 정면 보기
11자 발모양 하기
엉덩이보다 넓게 발 벌리기
골반 바로 세우기

❷ **OUT** 머리→가슴→허리 순서로 내려갑니다.
　　(**IN&OUT** 5~10초 정도 머무릅니다.)

❸ **OUT** 일어날 때는 허리→가슴→머리의 순서로 일어납니다.

073 몸통 트위스트

(5~10회)

> **운동효과** • 척추유연성, 복부탄력, 골반이완, 하체근력, 질탄력, 요실금 • 치질예방, 피부탄력, 복근, 등살빠짐, 혈액순환

❶ **IN&OUT** 무릎을 구부리고 두 손은 허벅지 위에 얹습니다.

Q사인
허리 세우기
시선 정면 보기

❷ **IN&OUT** 상체를 약간 앞으로 기울입니다.

❸ **OUT** 왼쪽 어깨를 오른쪽 무릎 쪽으로 밀어줍니다.
(**IN&OUT** 5~10초 정도 머무릅니다.)

Q사인
시선 오른쪽 어깨 너머 보기

❹ **OUT** 제자리로 돌아옵니다.

❺ 반대쪽도 같은 방법으로 운동합니다.

074 가슴 펴기

(5~10회)

운동효과 • 어깨관절유연성, 오십견예방, 견통예방, 상 • 하체스트레칭, 등살 빠짐, 유선촉진, 하체근력, 혈액순환, 복근, 전신탄력

❶ **IN&OUT** 바른 자세로 섭니다.

Q사인
시선 정면 보기
11자 발모양 하기
엉덩이보다 넓게 발 벌리기
골반 바로 세우기

❷ **IN&OUT** 두 무릎을 약간 구부려줍니다.

❸ **OUT** 오른손을 뒤로 젖혀 길게 늘입니다.
(**IN&OUT** 5~10초 정도 머무릅니다.)

Q사인
무릎이 발가락 앞으로 나가지 말기

❹ **OUT** 제자리로 돌아옵니다.

❺ 반대쪽도 같은 방법으로 운동합니다.

075 팔 깍지 끼워 스트레치 Ⅰ

(5~10회)

> **운동효과** • 전신탄력, 스트레칭, 혈액순환, 어깨관절유연성, 유선촉진, 등실 • 팔살 • 옆구리살 빠짐, 복근, 견통예방, 오십견예방

❶ **IN&OUT** 바른 자세로 섭니다.

❷ **IN** 두 손을 깍지 끼워 뒤로 잡습니다.

❸ **OUT** 두 팔을 뒤로 늘려 올립니다.
  (**IN&OUT** 5~10초 정도 머무릅니다.)

Q사인
시선 정면 보기
11자 발모양 하기
엉덩이보다 넓게 발 벌리기
골반 바로 세우기
견갑골 내리기

Q사인
배와 가슴 내밀지 않기
허리 곧게 세우기

Q사인
시선 아래 보기

❹ **OUT** 고개를 숙입니다.
  (**IN&OUT** 5~10초 정도 머무릅니다.)

❺ 고개들며 팔을 내려줍니다.

076 팔 깍지 끼워 스트레치 II

(5~10회)

운동효과 • 전신탄력, 스트레칭, 혈액순환, 어깨관절유연성, 유선촉진, 팔살·등·옆구리살 빠짐, 복근,
오십견예방, 견통예방

❶ **IN&OUT** 바른 자세로 섭니다.

❷ **IN** 두 손을 깍지 끼워 뒤로 잡습니다.

❸ **OUT** 두 팔을 뒤로 늘려 올립니다.
(**IN&OUT** 5~10초 정도 머무릅니다.)

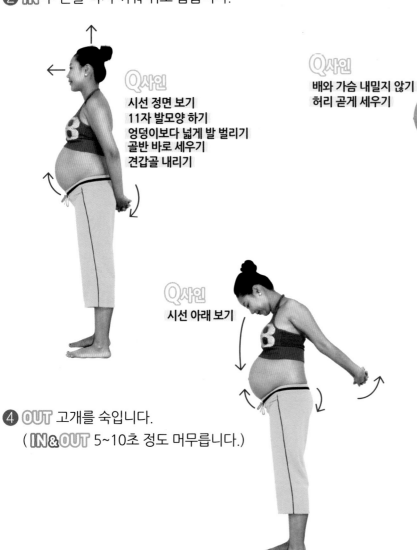

Q사인
시선 정면 보기
11자 발모양 하기
엉덩이보다 넓게 발 벌리기
골반 바로 세우기
견갑골 내리기

Q사인
배와 가슴 내밀지 않기
허리 곧게 세우기

Q사인
시선 아래 보기

❹ **OUT** 고개를 숙입니다.
(**IN&OUT** 5~10초 정도 머무릅니다.)

❺ **OUT** 인사하듯이 상체를 숙여줍니다.(**IN&OUT** 5~10초 정도 머무릅니다.)

Q사인

시선 발 보기
견갑골 내리기

❻ 좌우로 팔을 흔들어줍니다.

❼ **IN** 흔들기를 멈추고 **OUT** 두 팔을 하늘로 더 뻗어줍니다.

❽ **OUT** 상체를 일으켜 세웁니다.

❾ **IN&OUT** 깍지 끼웠던 두 팔을 풀어줍니다.

참고 • 앉아서 똑같이 운동할 수 있습니다.

077 사이드 스트레치

(5~10회)

운동효과 ● 복근, 하체근력, 혈액순환, 몸의 유연성, 관절교정 효과, 견통예방, 오십견예방, 피부탄력

❶ **IN&OUT** 바른 자세로 섭니다.

Q사인
시선 정면 보기
11자 발모양 하기
엉덩이보다 넓게 발 벌리기
골반 바로 세우기

❷ **IN** 두 팔을 깍지 끼워
OUT 하늘을 향해 뻗어줍니다.

Q사인
견갑골 내리기
손바닥 밀기

❸ **OUT** 상체를 오른쪽으로 기울입니다.
(**IN&OUT** 5~10초 정도 머무릅니다.)

❹ 제자리로 돌아와 반대쪽도 같은
방법으로 운동합니다.

참고 ● 앉아서 똑같이 운동할 수 있습니다.

078 몸통 좌우로 흔들기 (5~10회)

운동효과 • 관절유연성, 관절강화, 척추유연성, 전신스트레칭, 피부탄력, 하체근력, 관절교정효과

❶ **IN&OUT** 바른 자세로 섭니다.　　❷ **IN&OUT** 양옆으로 자연스럽게 손을 띄웁니다.

Q사인

시선 정면 보기
11자 발모양 하기
엉덩이보다 넓게 발 벌리기
골반 바로 세우기

❸ **IN&OUT** 몸통을 좌우로 트위스트 해 줍니다.

Q사인

긴장감 빼기
좌우로 크게 흔들기

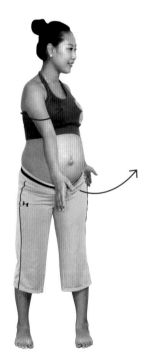

Lesson 06
엎드려서 하는 임산부 필라테스

자연분만을 하려면?

1. 체중조절을 해야 합니다(8~12Kg이 보통).

2. 규칙적인 생활을 해야 합니다(세끼 식사, 운동, 취침을 규칙적인 시간에 합니다).

3. 잘 할 수 있다는 자신감을 갖습니다("나는 할 수 있다").

4. 단백질, 섬유질이 많은 식사를 합니다(과식금지, 식이조절).

5. 운동을 합니다(골반이완운동, 괄약근운동, 순산호흡운동).

079 고양이 자세

(5~10회)

운동효과 • 척추유연성, 팔 · 등 · 겨드랑이살 빠짐, 요통완화, 좌골신경통예방완화, 내장비만예방,
내장기관정렬, 변비예방, 피부탄력, 상 · 하체근력, 복근, 혈액순환

❶ **IN&OUT** 엎드린 자세를 만듭니다.

Q사인

어깨 넓이만큼 두 팔 벌리기
엉덩이 넓이만큼 무릎 벌리기
손바닥과 무릎의 길이는 몸통의 길이로 맞추기
시선 바닥 보기
뒤통수 · 등 · 엉덩이 높이 같기
어깨와 귀 거리 멀어지기

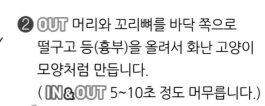

Q사인

시선 배꼽 보기
꼬리뼈 바닥으로 내리기
배는 가슴으로 당겨주기
등을 최대한 올려주기

❷ **OUT** 머리와 꼬리뼈를 바닥 쪽으로
떨구고 등(흉부)을 올려서 화난 고양이
모양처럼 만듭니다.
(**IN&OUT** 5~10초 정도 머무릅니다.)

❸ **OUT** 천천히 머리 정수리와 꼬리뼈를 천장
쪽으로 향하고 배를 바닥으로 떨굽니다.
(**IN&OUT** 5~10초 정도 머무릅니다.)
(자골신경통(한쪽엉덩이통증)이 완화되는
자세입니다.)

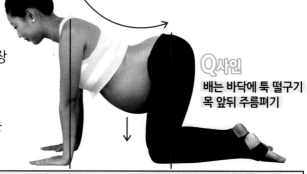

Q사인

배는 바닥에 툭 떨구기
목 앞뒤 주름펴기

참고

• 자궁과 척추신경을 분리하게 되어 임신 중 요통완화와 좌골신경통(한쪽 다리나 골반이 아픈 통증) 완화에
탁월한 효과가 있습니다.(❸번 자세)
• 손목이 아프면 손바닥 자리에 팔꿈치를 지지해서 동작합니다.

080 발 들어서 보기 (5~10회)

운동효과 • 엉덩이 힙업, 상 • 하체근력, 복근, 척추유연성, 피부탄력, 혈액순환, 좌우밸런스

❶ **IN&OUT** 엎드린 자세를 만듭니다.

Q사인
어깨 넓이만큼 두 팔 벌리기
엉덩이 넓이만큼 무릎 벌리기
손바닥과 무릎의 길이는 몸통의 길이로 맞추기
시선 바닥 보기
뒤통수 • 등 • 엉덩이 높이 같기
견갑골 조이기

❷ **IN** 오른발을 그대로 들어 올립니다.

Q사인
골반 바로 세우기
허리가 바닥으로 떨어지지 않기
좌,우 엉덩이 높이 같기

❸ **OUT** 들어 올린 다리를 왼쪽방향으로 틀어
발바닥을 봅니다.
(**IN&OUT** 5~10초 정도 머무릅니다.)

❹ **IN** 오른발을 바닥에 내려놓습니다.

❺ 반대쪽도 같은 방법으로 운동합니다.

081 팔운동

(5~10회)

> **운동효과** • 상 · 하체근력, 팔스트레칭, 혈액순환, 손목관설강화, 어깨관설유연성, 등 · 팔 · 겨드랑이살 빠짐, 유선촉진, 복근

❶ **IN&OUT** 엎드린 자세를 만듭니다.

Q사인

어깨 넓이만큼 두 팔 벌리기
엉덩이 넓이만큼 무릎 벌리기
손바닥과 무릎의 길이는 몸통의 길이로 맞추기
시선 바닥 보기
뒤통수 · 등 · 엉덩이 높이 같기
견갑골 조이기

❷ **IN&OUT** 손바닥이 무릎을 향하도록 합니다.

❸ **OUT** 몸통을 뒤로 밀어주어 팔 앞쪽이 스트레치 되도록 합니다.
(**IN&OUT** 5~10초 정도 머무릅니다.)

Q사인

골반 바로 세우기

참고 • 몸통을 뒤로 많이 내리면 운동이 어려워집니다. 하실 수 있는 만큼만 시도합니다.

082 균형 잡기

(5~10회)

운동효과 • 좌우 · 상하 밸런스 향상, 어깨관절유연성, 고관절유연성, 복근, 상 · 하근력, 유선촉진, 등 · 팔 · 겨드랑이살빠짐, 피부탄력, 전신스트레칭, 혈액순환

❶ **IN&OUT** 엎드린 자세를 만듭니다.

Q사인

어깨 넓이만큼 두 팔 벌리기
엉덩이 넓이만큼 무릎 벌리기
손바닥과 무릎의 길이는 몸통의 길이로 맞추기
시선 바닥 보기
뒤통수 · 등 · 엉덩이 높이 같기
견갑골 조이기

❷ **OUT** 오른손을 길게 뻗어줍니다.
　(**IN&OUT** 5~10초 정도 머무릅니다.)

Q사인

어깨와 엉덩이 위에 물컵이 있다고 상상하기
물컵이 엎어지지 않도록 주의하기
배들어 올리기

❸ **IN** 오른손을 내리고, **OUT** 오른발을 길게 뻗어줍니다.
　(**IN&OUT** 5~10초 정도 머무릅니다.)

Q사인

무릎 펴기
등을 평평하게 지키기
골반 바로 세우기

❹ **IN** 오른발을 내려줍니다.

❺ **OUT** 왼손을 뻗어 올려줍니다.(**IN&OUT** 5~10초 정도 머무릅니다.)

❻ **IN** 왼손을 내려줍니다.

❼ **OUT** 왼발을 길게 뻗어줍니다.(**IN&OUT** 5~10초 정도 머무릅니다.)

❽ **IN** 왼발을 내려줍니다.

❾ **OUT** 왼손과 오른발을 동시에 뻗어줍니다.(**IN&OUT** 5~10초 정도 머무릅니다.)

❿ **IN** 왼손과 오른발을 내려줍니다.

⓫ **OUT** 오른손과 왼발을 동시에 뻗어줍니다.(**IN&OUT** 5~10초 정도 머무릅니다.)

⓬ **IN** 오른손과 왼발을 내려줍니다.

참고
• 손이나 발을 살짝만 들면 쉽습니다.
• 배가 바닥으로 쳐지지 않는 조건으로 손과 발을 높이 들면 어렵습니다.
• 손목이 아프시면 손바닥 자리에 팔꿈치를 내려 운동하면 됩니다.

083 엎드려 무릎 들기&내리기 (5~10회)

운동효과 • 복근, 하체근력, 엉덩이힙업, 상 • 하체근력, 옆구리 • 팔 • 등살 빠짐, 혈액순환, 유선촉진, 요통예방

❶ **IN&OUT** 어깨 밑에 팔꿈치, 골반 밑에 무릎이 오도록 하고,
발뒤꿈치를 세우고, 손은 깍지를 끼워 잡습니다.

Q사인
시선 바닥 보기
골반 바로 세우기
견갑골 조이기

❷ **OUT** 무릎을 바닥에서 1Cm 정도만 들어 올립니다.
(**IN&OUT** 5~10초 정도 머무릅니다.)

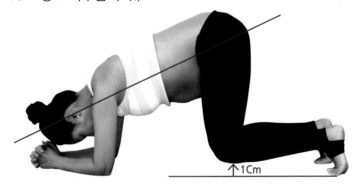

↑1Cm

참고
• 두 발을 푸쉬업처럼 뻗어 버티면 어렵습니다.
• 손바닥으로 지지해서 하면 팔근력운동에 도움이 됩니다.

084 피라미드

(5~10회)

> **운동효과** • 복근, 상·하체근력, 옆구리·팔·등살 빠짐, 혈액순환, 엉덩이 힙업, 유선촉진, 요통예방,
> 정맥류예방, 고관절유연성

❶ **IN&OUT** 어깨 밑에 팔꿈치, 골반 밑에 무릎이 오도록 하고,
발뒤꿈치를 세우고, 손은 깍지를 끼워 잡습니다.

Q사인
시선 바닥 보기
골반 세우기
견갑골 조이기

❷ **OUT** 무릎을 폅니다.

Q사인
머리 바닥에 떨구기
골반 바로 세우기
뒷꿈치들고 내리기

❸ **OUT** 오른발을 쭉 뻗어 올렸다가 **IN** 내립니다.
(**IN&OUT** 5~10초 정도 머무릅니다.)

❹ **OUT** 왼발을 쭉 뻗어 올렸다가 **IN** 내립니다.(**IN&OUT** 5~10초 정도 머무릅니다.)

❺ **OUT** 무릎을 구부려 내립니다.

참고
운동 나누어 시도하기 ❶〉❷〉❶ / ❶〉❷〉❸〉❷〉❶
• 무릎을 펴서 발뒤꿈치 들고 내리기 운동합니다.
• 발 하나를 뻗은 상태로 발뒤꿈치 들고 내리기 운동합니다.

085 엎드려 발차기 (5~10회)

> **운동효과** • 복근, 상 • 하체근력, 옆구리 • 팔 • 등살 빠짐, 혈액순환, 엉덩이 힙업, 부종예방, 고관절유연성, 정맥류예방, 유선촉진

❶ **IN&OUT** 어깨 밑에 팔꿈치, 골반 밑에 무릎이 오도록 하고, 손은 깍지를 끼워 잡습니다.

> **Q사인**
> 시선 바닥 보기
> 등모양 사선 만들기
> 견갑골 내리기

❷ **OUT** 오른발을 길게 뻗어 바닥에 발끝을 찍어줍니다.

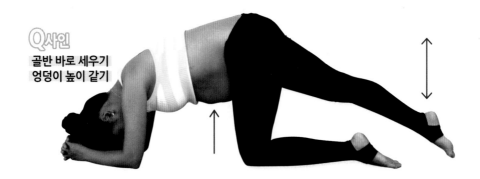

> **Q사인**
> 골반 바로 세우기
> 엉덩이 높이 같기

❸ **IN**&**OUT** 오른발을 들어 올리거나 내려줍니다.

Q사인
발끝 길게 늘리기
허리 흔들리지 않기

❹ **IN** 오른발을 바닥에 내립니다.

❺ **OUT** 오른발을 하늘을 향해 올려 뻗어줍니다.
(**IN**&**OUT** 5~10초 정도 머무릅니다.)

Q사인
골반 바로 세우기
무릎 펴기

❻ **IN** 오른발을 바닥에 내려주고 **OUT** 무릎을 접어줍니다.

❼ 반대쪽도 같은 방법으로 운동합니다.

참고
• 모든 동작을 다해도 되지만 나누어서 하셔도 됩니다.
- ❶ › ❷ › ❸ › ❻ › ❼
- ❶ › ❷ › ❸ › ❺ › ❼

086 몸 비틀기

> **운동효과** • 상 · 하체근력, 피부탄력, 등 · 팔 · 겨드랑이살 빠짐, 척추어깨관절유연성, 복근, 요통예방, 유선촉진

❶ **IN&OUT** 엎드린 자세를 만듭니다.

Q사인

어깨 넓이만큼 두 팔 벌리기
엉덩이 넓이만큼 무릎 벌리기
손바닥과 무릎의 길이는 몸통의 길이로 맞추기
시선 바닥 보기
뒤통수 · 등 · 엉덩이 높이 같기
견갑골 내리기
골반 바로 세우기

❷ **IN** 오른팔 어깨를 왼손바닥 안으로 깊게 집어넣어 **OUT** 얼굴을 바닥에 눕혀줍니다.

Q사인
오른쪽 어깨가 무릎 쪽으로 가지 않도록 하기

❸ **OUT** 왼손을 하늘을 향해 길게 뻗어줍니다.

Q사인

시선은 왼손 끝 보기
왼손 하늘 향해 찌르기

❹ **OUT** 왼손을 등뒤로 더 보내줍니다.

❺ **IN&OUT** 손바닥을 안쪽과 바깥쪽으로
돌려줍니다.

Q사인

반짝반짝 하듯이 팔 돌리기

❻ **OUT** 왼손을 하늘을 향해 길게 뻗어줍니다.

❼ **IN** 왼손을 얼굴을 향해 내립니다.

❽ **OUT** 상체를 일으켜 세웁니다.

❾ 반대쪽도 같은 방법으로 운동합니다.

참고

• 모든 동작을 다해도 되지만 나누어서 하셔도 됩니다.
  - ❶ › ❷ › ❽
  - ❶ › ❷ › ❸ › ❼ › ❽
  - ❶ › ❷ › ❸ › ❹ › ❸ › ❼ › ❽
  - ❶ › ❷ › ❸ › ❺ › ❸ › ❼ › ❽

087 고관절 운동

> **운동효과** • 상 • 하체근력, 등 • 옆구리 • 팔살 빠짐, 고관절 • 무릎관절이완, 혈액순환, 하체관절액생성, 유선촉진, 복근, 엉덩이힙업, 정맥류예방

❶ **IN&OUT** 엎드린 자세를 만듭니다.

Q사인

어깨 넓이만큼 두 팔 벌리기
엉덩이 넓이만큼 무릎 벌리기
손바닥과 무릎의 길이는 몸통의 길이로 맞추기
시선 바닥 보기
뒤통수 • 등 • 엉덩이 높이 같기
견갑골 내리기

❷ **OUT** 두 발을 뒤로 길게 뻗어줍니다.

Q사인

골반 바로 세우기

❸ **IN&OUT** 왼발을 들어 올려줍니다.

❹ **IN&OUT** 왼쪽 무릎을 바깥으로 올려줍니다.

❺ IN&OUT 왼발을 내려줍니다.

Q사인
왼발무릎으로 허공에 원 그리기

❻ IN&OUT 왼발 무릎을 바깥쪽으로 올려줍니다.

❼ IN&OUT 왼발 무릎을 내려줍니다.

❽ IN&OUT 왼발을 뻗어 내립니다.

⑨ 반대쪽도 같은 방법으로 운동합니다.

참고 • 손목이 아프면 손바닥자리에 팔꿈치로 지지해 운동합니다.

088 쉬운 푸쉬업

(5~10회)

운동효과 • 가슴 • 팔 • 다리근력, 등 • 팔 • 옆구리살 빠짐, 유선촉진, 혈액순환

❶ **IN&OUT** 엎드린 자세를 만듭니다.

Q사인

어깨 넓이만큼 두 팔 벌리기
엉덩이 넓이만큼 무릎 벌리기
손바닥과 무릎의 길이는 몸통의 길이로 맞추기
시선 바닥 보기
뒤통수 • 등 • 엉덩이 높이 같기
견갑골 내리기
골반 바로 세우기

❷ **OUT** 팔꿈치를 옆으로 살짝 구부립니다.(**IN&OUT** 5~10초 정도 머무릅니다.)

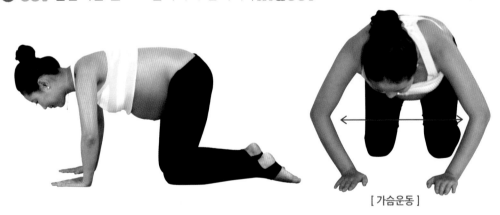

[가슴운동]

❸ **OUT** 팔꿈치를 펴줍니다.

❹ **OUT** 팔꿈치를 옆으로 구부려 줍니다.(**IN&OUT** 5~10초 정도 머무릅니다.)

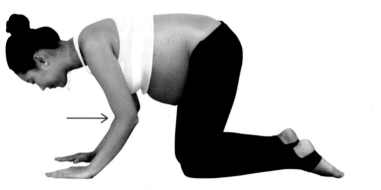

[팔운동]

참고
- 두 발을 뻗어서 운동하면 어려우집니다.
- 팔꿈치를 많이 구부리면, 어려워집니다.
- 팔꿈치를 조금 구부리면 쉬워집니다.
- 서서 벽에 손을 기대고 운동하면 쉽습니다.
- 모든 동작을 다해도 되지만 나누어서 하셔도 됩니다.
  - ❶ > ❷ > ❸
  - ❶ > ❹ > ❸

089 어려운 푸쉬업 (5~10회)

운동효과 ● 가슴 • 팔 • 다리근력, 등 • 팔 • 옆구리살 빠짐, 유선촉진, 엉덩이힙업, 혈액순환

❶ **IN & OUT** 어깨 밑에 팔꿈치, 골반 밑에 무릎이 오도록 하고,
손은 깍지를 끼워 잡습니다.

Q사인
시선 바닥 보기
등모양 사선 만들기
견갑골 내리기

❷ **OUT** 두 발을 길게 뻗어 세워줍니다.(**IN & OUT** 5~10초 정도 머무릅니다.)

Q사인
골반 바로 세우기

❸ OUT 오른발을 들어 올립니다.

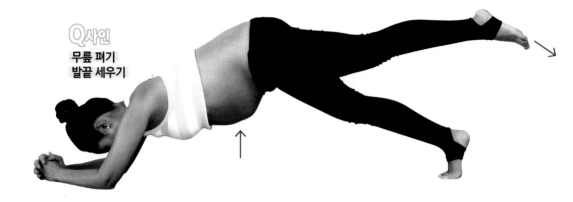

Q사인
무릎 펴기
발끝 세우기

❹ OUT 오른발을 내립니다.

❺ 반대쪽도 같은 방법으로 운동합니다.

090 아기자세 I

(무리가 없다면 무제한)

운동효과 • 골반이완, 질 이완수축, 복근, 전신근육이완, 전신스트레칭, 어깨관절유연성, 혈액순환

❶ **IN&OUT** 발가락을 붙이고, 두 무릎을 벌려 엉덩이를 뒤꿈치에 내려줍니다.

Q사인
얼굴방향 편하게 위치하기
긴장 빼기

참고 • 엉덩이가 하늘을 향하도록 해서, 아기가 착각하도록 해서 머리를 엄마의 엉덩이 쪽으로 돌아가게 하는 자세이며, 역아교정 자세입니다.

091 아기자세 Ⅱ

(무리가 없다면 무제한)

운동효과 • 척추유연성, 등스트레칭, 어깨관절유연성, 하체근력, 혈액순완

❶ 상체를 뻗고 엉덩이를 하늘을 향하게 합니다.

Q사인
얼굴방향 편하게 위치하기
긴장 빼기

참고
• 힘들면 얼굴과 가슴에 쿠션이나 베개를 두고 상체를 좀 올려줍니다.
• 엉덩이가 하늘을 향하도록 해서, 아기가 착각하도록 해서 머리를 엄마의 엉덩이 쪽으로 돌아가게 하는 자세이며, 역아 자세에 탁월한 효과가 있습니다.

Lesson 07
옆으로 누워서 하는 임산부 필라테스

라마즈 분만법이란?

1. 연상법 : 기분이 좋아진다면 어떤 생각도 상관없음.

- 좋은 상상하기
- 아름다운 미래 상상하기
- 좋았던 추억 떠올리기
- 자연경관 떠올리기

2. 이완법

- 편하게 누운 상태 또는 앉은 상태에서 몸의 긴장을 풀어줍니다(얼굴, 어깨, 팔, 다리, 배 등등).
- 남편이나 전문가의 마사지를 받습니다.
- 좋은 음악을 들으며 편히 쉬어 줍니다.

3. 호흡법

- 호흡이 길어지는 호흡을 만듭니다.
- 전 중 후기 호흡이 각기 다릅니다.
- 필라테스 순산호흡을 연습합니다.

092 발차기

(5~10회)

> **운동효과** • 고관절유연성, 복근, 다리스트레칭, 혈액순환, 엉덩이힙업, 부종예방

❶ **IN&OUT** 옆으로 누워 다리를 가슴 쪽으로 당겨줍니다.

❷ **IN&OUT** 무릎과 발목을 엉덩이의 높이만큼 올려줍니다.

Q사인
견갑골 내리기
시선 정보 보기

❸ **OUT** 무릎을 **IN** 공을 차듯이 앞으로 당겨줍니다.

❹ **OUT** 발을 뒤로 보냅니다.

Q사인
몸통의 흔들림 없기

❺ 반대쪽도 같은 방법으로 운동합니다.

> **참고** • 무릎으로 펴서 운동하면 어려워집니다.

093 팔 돌리기 (5~10회)

운동효과 • 어깨견통완화및예방, 척추유연성, 복근, 복부탄력, 등 • 팔 • 겨드랑이살 빠짐, 유선촉진, 어깨관절유연성, 혈액순환

❶ **IN&OUT** 옆으로 누워 왼손으로 오른발 무릎을 고성시킵니다.

Q사인

팔꿈치 구부리지 않기
손끝 바닥에 붙여 돌리기
몸의 긴장감 빼기

❷ **IN&OUT** 오른손으로 바닥에 원을 크게 그립니다.

Q사인

시선은 손끝을 쫓아 움직이기

❸ IN&OUT 앞에서 뒤로, 뒤에서 앞으로 큰 원을 그립니다.

❹ IN&OUT 두 손을 가슴 앞에 앞으로 나란히 폅니다.

❺ OUT 오른손을 길게 뻗어 뒤로 보내고 IN&OUT 눈을 감고 쉽니다.
   (IN&OUT 5~10초 정도 머무릅니다.)

❻ OUT 오른손이 제자리로 돌아옵니다.

❼ 반대쪽도 같은 방법으로 운동합니다.

참고
- 무릎을 조금 펴면 운동하기 쉽습니다.
- 시선이 돌아가는 손끝을 보면 운동하기 쉽습니다.
- 시선이 앞을 보고 팔만 돌리면 운동이 어려워집니다.
- 배개를 베고 해도 됩니다.

094 발 돌리기 (5~10회)

운동효과 • 고관절이완, 하체근력, 무릎관절, 복근, 혈액순환, 부종예방

❶ **IN&OUT** 옆으로 누워 디리를 가슴 쪽으로 당겨줍니다.

❷ **IN&OUT** 발을 들어 올립니다.

Q사인
시선 정면 보기
견갑골 내리기

❸ **IN&OUT** 무릎을 펴 발끝을 바닥에 찍어줍니다.

❹ **IN&OUT** 무릎을 접어 올려줍니다.

❺ **IN&OUT** 무릎을 펴 발끝을 바닥에 찍어줍니다.

❻ **IN&OUT** 무릎을 접어주며 들어 올립니다.

❼ **IN&OUT** 발을 그대로 내려줍니다.

❽ 반대쪽도 같은 방법으로 운동합니다.

참고
- 무릎으로 원을 작게 그리면 운동하기 쉽습니다.
- 무릎으로 원을 크게 그리면 운동하기 어렵습니다.
- 배가 앞뒤로 흔들리지 않도록 합니다.

095 발 들어 당기기 (5~10회)

운동효과 • 골반이완, 하체스트레칭, 팔다리근력, 혈액순환, 질 • 요도 • 항문 탄력이완수축, 부종예방, 고관절유연성

❶ 옆으로 누워 다리를 가슴으로 당겨줍니다.

Q사인
견갑골 내리기
시선 정면 보기

❷ IN 오른발 끝을 뻗어서 바닥에 찍어줍니다.

❸ OUT 위로 당겨 올려 오른손으로 오른발을 잡습니다.
(IN&OUT 5~10초 정도 머무릅니다.)

❹ OUT 오른 팔꿈치를 옆구리 쪽으로
구부려 주어 더 당기고
IN&OUT 발뒤꿈치는 밀어줍니다.

Q사인
시선 무릎 보기
전신 긴장 빼기

❺ **IN&OUT** 발끝을 세워줍니다.

❻ **OUT** 손과 발을 내려줍니다.

Q사인
견갑골 내리기
시선 정면 보기

❼ 반대쪽도 같은 방법으로 운동합니다.

참고 • 무릎을 구부린상태로 운동하면 쉬워집니다.

096 다리 들어 올리기 I

(5~10회)

운동효과 • 상 • 하체근력, 복근, 하체스트레칭, 혈액순환, 겨드랑이 • 팔 • 등살 빠짐, 부종예방

❶ **IN&OUT** 옆으로 눕습니다.

Q사인
시선 정면 보기
견갑골 내리기
발등을 세워 길게 늘이기

❷ **OUT** 오른발을 엉덩이 높이만큼 들어 올립니다.

Q사인
복부의 힘 갖기

❸ **OUT** 왼발도 들어 올립니다.
（**IN&OUT** 5~10초 정도 머무릅니다.）

Q사인
허벅지 • 종아리 • 발뒤꿈치 붙이기
몸통이 정면 향하기

❹ **IN&OUT** 두 발을 동시에 내려줍니다.

❺ **OUT** 두 발을 동시에 들어 올려줍니다.
(**IN&OUT** 5~10초 정도 머무릅니다.)

Q사인
허벅지 · 종아리 · 발뒤꿈치 붙이기
몸통이 정면 향하기

❻ **OUT** 두 발을 동시에 내려줍니다.

❼ 반대쪽도 같은 방법으로 운동합니다.

참고
• 발뒤꿈치를 밀어준 상태로 운동하면 운동이 어렵습니다.
• 발을 높이 들어주면 운동이 어렵습니다.

097 다리 들어 올리기 Ⅱ

(5~10회)

운동효과 • 상 • 하체근력, 스트레칭, 복근, 혈액순환, 부종예방, 질 • 항문 • 요도 탄력

❶ **IN&OUT** 옆으로 눕습니다.

Q사인
시선 정면 보기
견갑골 내리기
발등을 세워 길게 늘이기

❷ **IN** 오른발을 접어 왼발 무릎 뒤에 세웁니다.

❸ **OUT** 왼발 뒤꿈치를 밀어주고 **OUT** 왼발을 올려줍니다.
(**IN&OUT** 5~10초 정도 머무릅니다.)

Q사인
시선 정면 보기
몸통 앞뒤로 흔들지 않기
견갑골 내리기
오른발 무릎 흔들지 않기

❹ 반대쪽도 같은 방법으로 운동합니다.

참고
• 발뒤꿈치를 밀지 않고 하면 운동이 쉽습니다.

098 다리 돌리기

운동효과 • 상·하체근력, 스트레칭, 관절유연성, 혈액순환, 복근

❶ IN&OUT 옆으로 눕습니다.

Q사인
시선 정면 보기
견갑골 내리기

❷ IN&OUT 오른발을 앞으로 공을 차듯이 뻗어줍니다.

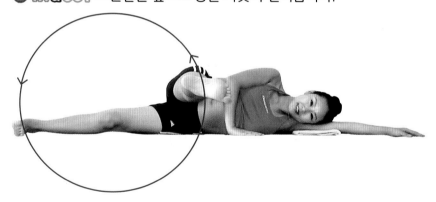

❸ IN&OUT 오른발을 하늘로 뻗어줍니다.

❹ **IN&OUT** 오른발을 왼발 위에 얹습니다.

Q사인
시선 정면 보기
견갑골 내리기

❺ **IN&OUT** 오른빌을 하늘로 뻗어줍니다.

Q사인
몸통 앞뒤로 흔들리지 않기

❻ **IN&OUT** 오른발을 앞으로 뻗어줍니다.

❼ **IN&OUT** 왼발 위에 오른발을 얹어줍니다.

Q사인
시선 정면 보기
견갑골 내리기

❽ 반대쪽도 같은 방법으로 운동합니다.

참고
- 무릎을 구부린 상태로 운동하면 쉬워집니다.
- 발끝으로 원을 크게 그리면 운동이 어려워집니다.
- 발끝으로 원을 작게 그리면 운동이 쉬워집니다.

099 옆으로 누워 팔다리 들기&내리기

> **운동효과** • 복근, 상 • 하체근력, 피부탄력, 등 • 옆구리 • 팔살 빠짐, 혈액순환, 견통예방, 오십견예방, 고관절유연성

❶ **IN&OUT** 'Z'자로 앉습니다.

❷ **IN** 오른팔을 바닥에 지지하고 **OUT** 두 발뒤꿈치를 엉덩이에 붙여줍니다.

Q사인
어깨 밑에 팔꿈치 내리기
머리부터 꼬리뼈까지 사선 만들기
견갑골 내리기
시선 정면 보기

❸ **IN** 왼발을 길게 뻗어줍니다.

Q사인
오른 발뒤꿈치를 엉덩이에 붙이기
왼발 무릎 펴기

Q사인
골반 바로 세우기
오른발 무릎이 도와주기

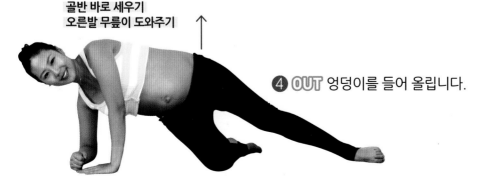

❹ **OUT** 엉덩이를 들어 올립니다.

❺ **OUT** 왼발을 엉덩이
높이만큼 뻗어 올려줍니다.

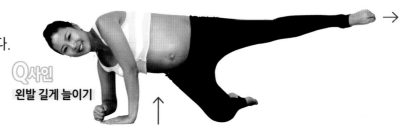

Q사인
왼발 길게 늘이기

❻ **IN** 엉덩이를 내리고 **OUT**
왼팔을 올려줍니다.

Q사인
왼발 어깨 높이만큼 올리기
견갑골 조이기

❼ **OUT** 왼손을 하늘로 뻗으며 엉덩이를 들어
올려줍니다.

Q사인
시선 손끝 보기
왼손 끝 하늘로 길게 뻗기

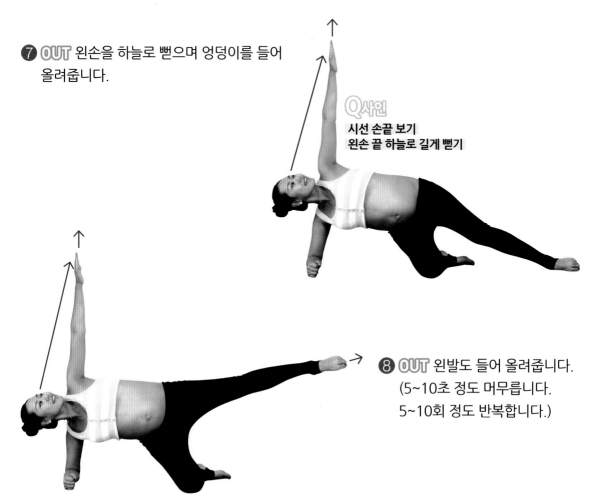

❽ **OUT** 왼발도 들어 올려줍니다.
(5~10초 정도 머무릅니다.
5~10회 정도 반복합니다.)

❾ OUT 손과 발을 동시에 내려줍니다.

❿ IN 오른 팔꿈치 자리에 손바닥을 지지해서 OUT 왼손은 들어 올려줍니다.

⓫ OUT 상체를 내려줍니다.

⓬ OUT 상체를 오른쪽으로 넘겨 왼발의 발뒤꿈치를 밀거나 발끝을 세워줍니다.

⓭ OUT 상체를 내려줍니다.

⓮ 반대쪽도 같은 방법으로 운동합니다.

참고	• 다양하게 동작을 나누어 하셔도 됩니다.	• 두 발을 다 뻗은 상태로 운동하면 어렵습니다.

• 다양하게 동작을 나누어 하셔도 됩니다.

❶›❷›❸›❹›❸›❹›❸

❶›❷›❸›❹›❺›❹›❸›❹›❺›❹›❸

❶›❷›❸›❹›❺›❻›❼›❻›❼›❻›❸

❶›❷›❸›❹›❺›❻›❼›❽›❸›❻›❼›❽›❸

• 두 발을 다 뻗은 상태로 운동하면 어렵습니다.
• 손바닥으로 지지하며 운동하면 어렵습니다.

Lesson 08
타월을 이용한 임산부 필라테스

아기를 위한 기도

주님

당신께서 주신 이 생명을 보고서

당신의 사랑을 가르쳐주는 귀한 선물

살아계신 당신을 느끼게 해주는

우리 아기를 주신 당신께 감사드립니다

해맑은 아기의 눈동자를 바라볼 때마다

이 생명에게 바라시는 당신의 뜻이

무엇일까 생각해봅니다

당신의 크신 뜻을 모두 헤아리지는 못하지만

저에게 맡겨주신 이 사랑스런 아기에게

주님, 당신의 사랑을

베풀 수 있는 힘을 주소서

그래서 우리 아기가 자라면서

점점 당신을 닮아가고

당신의 사랑을 알게 하소서

- '매일 드리는 가족의 기도'(성바오로)에서

100 타월을 이용한 팔 돌리기 (5~10회)

운동효과 ● 어깨건통예방, 어깨유연성, 혈액순환, 유선촉진, 복근, 허리근력, 팔 · 등 · 옆구리살 빠짐

❶ **IN&OUT** 바르게 앉습니다.

❷ **IN** 손등이 위로 향하도록 타월을 잡습니다.

❸ **OUT** 두 팔을 당겨주며 하늘로 올립니다.

Q사인
팔 펴기
견갑골 내리기
시선 정면 보기

❹ **IN&OUT** 뒤로 돌려 내려줍니다.

Q사인
배, 가슴 움직이지 않기
두 팔을 좌우로 당겨주기
몸통 움직이지 않기

❺ **IN&OUT** 팔을 위로 올려줍니다.

❻ 반대 방향으로도 운동합니다.

 참고
● 타월을 좁게 잡으면 운동이 어려워집니다.
● 타월을 넓게 잡으면 운동이 쉬워집니다.

101 타월을 이용한 팔 스트레칭

> **운동효과** ● 어깨견통예방, 어깨유연성, 혈액순환, 유선촉진, 복근, 허리근력, 등 ● 팔 ● 옆구리살 빠짐

❶ **IN&OUT** 바르게 앉습니다.

❷ **IN** 손등이 위로 향하도록 타월을 잡습니다.

❸ **OUT** 두 팔을 당겨주며 하늘로 올립니다.

Q사인
팔 펴기
견갑골 내리기
시선 정면 보기

❹ **OUT** 왼쪽으로 몸통을 기울입니다.

Q사인
팔과 어깨의 거리같기
두팔 당기기
오른쪽 엉덩이 누르기

❺ **OUT** 제자리로 돌아와 반대쪽도 같은 방법으로 운동합니다.

102 타월을 이용한 다리 스트레칭 Ⅰ

(5~10회)

운동효과 • 상 • 히체근력, 유연성, 스트레칭, 혈액순환, 복근

❶ **IN&OUT** 바르게 앉아 오른발만 옆으로 뻗어줍니다.

❷ **IN&OUT** 타월을 발바닥에 걸어 두 손으로 잡습니다.

Q사인

허리 세우기
팔꿈치 펴기
발뒤꿈치 밀기
왼쪽 엉덩이 바닥 누르기
견갑골 내리기

❸ **OUT** 팔꿈치를 겨드랑이에 붙여 구부리며 당겨줍니다.

❹ **OUT** 상체를 인사하듯이 숙여줍니다.(**IN&OUT** 5~10초 정도 머무릅니다.)

❺ **OUT** 허리-가슴-머리 순서로 일어납니다.

❻ 반대쪽도 같은 방법으로 운동합니다.

103 타월을 이용한 다리 스트레칭 Ⅱ (5~10회)

운동효과 • 상·하체근력, 스트레칭, 혈액순환, 피부탄력, 복근, 유선촉진 고관절유연성

❶ **IN&OUT** 바르게 눕습니다.

❷ **OUT** 오른발바닥에 타월을 걸어줍니다.

Q사인
견갑골 내리기

❸ **IN** 두 줄의 타월을 한 줄로 만들어 잡습니다.

❹ **OUT** 팔꿈치를 겨드랑이에 붙이고 당겨줍니다.
(**IN&OUT** 5~10초 정도 머무릅니다.)

Q사인
시선 발 보기
견갑골 내리기

❺ **OUT** 상체를 일으켜 세웠다가 **OUT**
내립니다.
(**IN&OUT** 5~10초 정도 머무릅니다.)

❻ **OUT** 오른발을 뻗어 꼬리뼈를 바닥에 눌러줍니다.
(**IN&OUT** 5~10초 정도 머무릅니다.)

❼ OUT 팔꿈치를 접어 오른발을 당겨줍니다.
   (IN&OUT 5~10초 정도 머무릅니다.)

❽ OUT 상체를 일으켜 세웁니다.
   (IN&OUT 5~10초 정도 머무릅니다.)

❾ OUT 상체를 내립니다.

❿ IN 타월을 오른손으로 잡고 왼손은 바닥에 내립니다.

⓫ IN 시선은 왼손을 보고 OUT 오른발을 오른쪽 방향으로 내립니다.
   (IN&OUT 5~10초 정도 머무릅니다.)

⓬ OUT 시선과 발이 하늘로 향하도록 합니다.

⑬ IN 왼손으로 타월을 잡고 OUT
오른손은 바닥에 내립니다.

⑭ IN 시선은 오른손을 보고 OUT 왼발을 왼쪽 방향으로 내립니다.
(IN&OUT 5~10초 정도 머무릅니다.)

⑮ OUT 시선과 발이 하늘로 향하도록 합니다.

⑯ OUT 제자리로 돌아와 쉽니다.

⑰ 반대쪽도 같은 방법으로 운동합니다.

참고

• 할 수 있는 운동만 하셔도 됩니다. 어떻게든 나누어서 운동이 가능합니다.
❶ › ❷ › ❸ › ❹
❶ › ❷ › ❸ › ❹ › ❺
❶ › ❷ › ❸ › ❻
❶ › ❷ › ❸ › ❼
❶ › ❷ › ❸ › ❻ › ❿
❶ › ❷ › ❸ › ❻ › ❿ › ⓫
❶ › ❷ › ❸ › ❻ › ❿ › ⓫ › ⓬ › ⓭ › ⓮

Lesson 09
남편과 함께 하는 임산부 필라테스

아로마 테라피

1. **피곤하고 우울할 때**
   라벤더 오일(뜨거운 물이나 젖은 수건에 2~3방울)
2. **스트레스가 쌓일 때**
   주니퍼+라벤더 6방울+10ml 마사지 오일, 어깨·등·가슴 마사지
   주니퍼 5방울+라벤더 5방울 = 목욕물에 넣기
3. **숙면을 원할 때**
   마조람 5방울+라벤더 5방울 = 목욕물에 넣기
   마조람 3방울+라벤더 3방울 = 배 맛사지
4. **열이 날 때**
   페퍼민트 3방울+유칼립투스 2방울+블랙페퍼민트1방울 = 목욕물에 넣기
5. **몸이 차가울 때**
   주니퍼 1방울+스위트 마조람 2방울 = 반신욕, 일주일에 2~3회가 효과적
6. **소화불량, 위통증이 있을 때**
   클라리세이지 8방울+카모마일로먼 8방울 = 목욕물에 넣기
7. **가스가 차고 속이 더부룩할 때**
   박하 1방울+오렌지 1방울+8ml 아몬드오일 = 복부 마사지
8. **멍들었을 때**
   라벤더 2방울+로즈마리 3방울+제라늄 1방울, 뜨거운 물이나 찬물에 넣어 멍 부위에 뿌려주기
   라벤더 1방울+케리어 오일 10ml = 멍 부위 마사지
9. **몸이 자주 부우면**
   따뜻한 물+그레이프후룻 1방울+쥬니페 에센스 오일 2방울
   10~15분 목욕 후, 스트레칭 운동
10. **두통이 심하면**
    라벤더 2방울+로만카모마일 1방울+물 = 수건에 적셔 어깨, 이마 찜질
11. **발이 피곤할 때**
    여름 - 페퍼민트 3방울+족욕
    겨울 - 제라늄 3방울+족욕
    발냄새 = 사이프러스 3방울+족욕
    꾸준히 하기

104 남편과 함께 하는 복근운동

(5~10회)

운동효과 • 복근, 허리근력, 복부단력, 하체근력, 유선촉진, 혈액순환

❶ **IN&OUT** 바르게 눕습니다.

❷ **IN&OUT** 남편이 손을 살짝 잡아줍니다.

❸ **IN&OUT** 남편의 엉덩이 쪽으로 손을 당겨줍니다.

❹ **OUT** 상체는 가슴까지만 올라갑니다.
   (**IN&OUT** 5~10초 정도 머무릅니다.)

Q사인
견갑골 내리기
골반 바로 세우기

❺ **IN&OUT** 바닥으로 내려와 편히 쉽니다.

모델 | 김두연,　**남편** | 전호진,　**자녀** | 전효린, 전설

105 남편과 함께 하는 스트레칭 (5~10회)

운동효과 • 상 • 하체근력, 스트레칭, 혈액순환, 관절유연성, 복근

❶ **IN&OUT** 시로 발바닥이 마주치도록 앉습니다.

❷ **OUT** 상체를 기울여 손을 잡아줍니다.

❸ **IN&OUT** 남편이 상체를 뒤로 젖혀 아내를 당겨줍니다.
(**IN&OUT** 5~10초 정도 머무릅니다.)

❹ **IN&OUT** 아내가 상체를 뒤로 젖혀 남편을 당겨줍니다.
(**IN&OUT** 5~10초 정도 머무릅니다.)

참고 • 두발을 양옆으로 벌려 운동합니다.

106 남편과 함께 하는 트위스트

(5~10회)

운동효과 • 복부탄력, 등살 빠짐, 척추유연성, 복근, 피부탄력, 혈액순환

❶ 서로 등을 맞대고 바르게 앉습니다.

❷ 서로 두 손을 깍지 끼웁니다.

Q사인
등 꼭 붙이기
허리 세우기
시선 정면 보기
엉덩이 바닥에 누르기
견갑골 내리기

❸ 몸통을 좌우로 트위스트합니다.

참고
• 두손을 펴서 운동합니다.
• 두 팔꿈치를 접어 꼬아잡고 운동합니다.
• 머리뒤통수에 손깍지끼워 손등 팔을 맞닿게해 운동합니다.

107 남편과 함께 하는 전신운동 (5~10회)

> **운동효과** ● 척추유연성, 상·하체근력스트레칭, 유연성, 관절, 피부탄력, 혈액순환

❶ **IN** 서로 마주보고 서서 서로의 어깨 위에 손바닥을 얹습니다.

❷ **OUT** 뒷걸음질 치며 상체를 구부립니다.

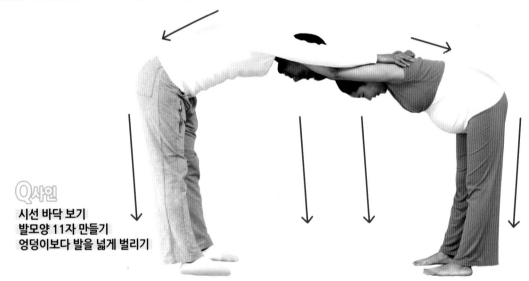

Q사인
시선 바닥 보기
발모양 11자 만들기
엉덩이보다 발을 넓게 벌리기

❸ **OUT** 좌우로 몸을 틀어줍니다.

❹ **OUT** 고개 들어 서로 눈을 봅니다.

❺ **IN** 고개를 숙여주고 **OUT** 허리-가슴-머리 순서로 일어납니다.

Q사인
시선 바닥 보기
발모양 11자 만들기
엉덩이보다 발을 넓게 벌리기

참고 | • 혼자 할 때는 손을 탁자나 의자 등받이에 얹어 시도합니다.

108 남편과 함께 하는 상체 늘리기 (5~10회)

운동효과 • 어깨유연성, 척추유연성, 상체탄력, 요통예방, 견통예방, 상체스트레칭, 혈액순환

❶ 바르게 앉습니다.

❷ 두 손을 깍지 끼워 하늘로 뻗어줍니다.

❸ 깍지끼운 손을 남편 팔에 걸어줍니다.

❹ 상체는 남편의 발에 기댄 상태를 유지합니다.

❺ 남편은 상체를 오른쪽으로 기울여 아내의 팔과 몸이 늘어나도록 합니다.
(**IN&OUT** 5~10초 정도 머무릅니다.)

Q사인
몸의 긴장 빼기

❻ 반대쪽도 같은 방법으로 운동합니다.

109 남편이 도와주는 골반이완

운동효과 • 골빈이완, 질 • 요도 • 항문 탄력, 요실금 • 치질예방, 고관절유연성, 혈액순환

❶ 남편이 등을 벽에 기대고 발을 벌려 앉습니다.

❷ 아내가 남편 앞에 발바닥을 만나게 하고 앉습니다.

❸ 아내의 허벅지 위로 남편의 다리를 얹습니다.

참고
• 남편발이 아내허벅지 바깥쪽으로 올리면 운동이 어렵습니다.
• 남편발이 아내허벅지 안쪽으로 올리면 운동이 쉬워집니다.
• TV를 보실 때, 이 자세로 같이 한 프로그램 정도 보세요.

110 남편이 도와주는 발마사지

(15~20분 매일)

운동효과 • 부종예방, 혈액순환, 저림예방, 쥐나기예방

❶ 발가락만 걷듯이 밟아줍니다.

❷ 발등을 도장 찍듯이 눌러줍니다.
(아내는 강약 조절을 시켜줍니다.)

❸ 발바닥을 밟아줍니다.

Q사인
발뒤꿈치는 자궁과 연결된 혈점이 있으므로 밟지 않기

❹ 두 발을 벌리기가 힘들면 한쪽 무릎은 접에서 세워줍니다.

Q사인
허리가 아프면 타월을 허리 아래에 넣기

참고
• 뒷꿈치는 자궁과 연결된 혈점이 있으므로 밟지 않습니다.